マンガでよくわかる やる気に頼らず「すぐやる人」になる37のコツ

大平信孝——著 河村万理——繪 林于楟——譯

一本書終結你的拖延症

漫畫版

主要登場人物

酒品製造商「冠㐂酒造」的業務員。她很喜歡日本酒，想做商品企劃而進入這家公司工作，但在沒能得到相關機會的狀況下過了三年。對工作的熱情有衰退跡象，有拖延該做事項的壞習慣。

櫻 美佳

隸屬業務部，櫻的前輩。是一名相當優秀的業務員，也相當照顧後進。

榊 良太

某天突然現身在櫻身邊，真面目不明。因為非常怕麻煩所以深知「只要現在動起來，接下來就會輕鬆許多」的道理，指導櫻「立刻行動的祕訣」。

樹懶

前言

本書是受到商務人士、學生、家庭主婦等廣大讀者群支持的《一本書終結你的拖延症》的漫畫版。

主角為在酒品製造商工作的業務員櫻美佳。她有把該做的事情拖著不做的壞習慣，會因此陷入自我厭惡，但在與神祕的樹懶相遇後，她的人生逐漸產生變化，進而想起她真正想做的事情，朝夢想邁出第一步……以上是漫畫版的故事簡介。

之所以會拿起本書，我想你肯定也是有「拖延症」，煩惱「沒辦法立刻採取行動」的人。

「行動派」的人有共通點，那就是「自然輕鬆」地去做一件事。

並非仰賴幹勁或毅力，而是不勉強自己，輕快地採取行動。

那麼你為什麼沒辦法隨心所欲行動呢？

因為沒有幹勁？因為意志力薄弱？個性的問題？不，並非如此。

讓你沒辦法採取行動的，是你自己的大腦。

其實我們的大腦非常怕麻煩。當你想要挑戰新事物，或是想解決難題時，就會啟動大腦想要保護性命的偏執，試圖維持現狀。**反過來說，只要讓怕麻煩的大腦燃起鬥志，就能打開「立刻做」的開關了。**為了讓所有人都能立刻打開開關，本書利用漫畫形式好讀易懂地介紹三十七個方法給大家。

每個人都會遇到沒辦法立刻採取行動的狀況，正確而言，與其說無法採取行動，倒不如說是選擇了「現在不行動」。

那麼，選擇「現在不行動」的基準到底在哪呢？大多數的情況並沒有明確的標準，只是在等待著什麼而已。

等待明確出現正確答案；等待有誰給出確切指示、命令、指南；等待對方主動聯絡；等待狀況好轉，或是最佳時機到來；等待得失更明確的時刻。

這類「等待」的共通點，就是並非自己積極行動以期讓狀況好轉或引導出正確答案，而是

總之先「觀察狀況」。但這樣處於「被動」，不僅不會讓狀況好轉，甚至幾乎都會惡化。

正因為現在是難以透析未來、正確答案與價值觀也不停變動的動盪時代，每個人當然都想暫停腳步先觀察狀況，等待狀況好轉。

不想吃虧或失敗，採取行動了當然想要得到確實的成果，在狀況明朗前不想行動。我非常理解這種心理。

但是，就算你要等待狀況好轉，至少也要做到創造出些許契機的行動之後再等待吧。如此一來，實現夢想或目標的可能性就不再為零。

只是點小事也沒問題，在你自身採取行動後，才終於可以得到變化、成果與反饋。接著以此為契機，你的夢想與目標實現、煩惱與課題的解決，也都會朝好的方向發展。

不需要擔心，本書要介紹的方法，無關乎你的個性或意志強弱，而是可讓每個人都能輕鬆動起來，或是讓人想採取行動的祕訣。

希望本書可以成為讓你創造出理想未來的契機。

大平信孝

目次

Chapter 5

養出實現夢想及目標的「行動思考」

Epilogue

後記　櫻，展翅飛向世界

序幕

櫻，遇見樹懶

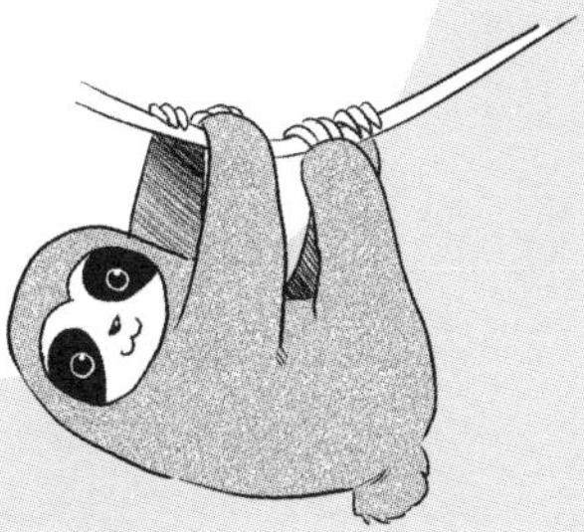

鬧鐘響
6：00
緩慢
唉。。。
櫻美佳（24）
按
啾啾…
不想去上班
分發到業務部工作後，
今年是第三年了…

啊！是我們家的新商品
粋
イキ
新發售
我明明是想要開發新商品，才進冠岳酒造工作的耶…
喀擦
唉唉…
明明得跟超市大客戶預約拜訪時間才行…
我今天又拖著沒做了
腳步
沉重

啊啊…
也一直還沒
計算經費
嘆氣…
因為害怕業務
績效被罵，
也還沒提交
報告書
報告書
太慢了！
和公司
來往已久的酒行，
也因為被對方罵
我動作太慢，而
遲遲沒去聯絡…

但是啊，當我著手要動工時，總會突然有工作上門
拜託你啦
也有相處融洽的客戶，所以不小心就會以那邊為優先…
總是很謝謝你啊
彼此彼此
我很清楚不能再這樣下去
但不知道脫離這種惡性循環的方法
會不會這麼剛好
從天而降呢？
什麼!?

登 登
樹……
懶!?
我現在下去，你要接住我喔～
咦？
咦？

接住！
沒錯沒錯！
就像這樣，總之先採取行動最重要喔～
就讓我來教你「變身行動派的祕訣」吧～

只要知道方法，人人都能成為「行動派」

雖然很突然，請讓我問個問題，如果有個人沒種下蔬菜的種子或幼苗卻期待收穫，你對他會產生什麼想法呢？

你應該會出現「再怎麼說也不可能有收穫吧」、「什麼也沒種卻期待收穫也太奇怪……」、「總之先種幼苗或是播種比較好吧」等想法。

我想再怎樣，應該都不會有人不播種也不種幼苗就能有收穫吧。

但是，如果將其代換成平常的工作、自己的夢想或目標時又會怎樣呢？

令人意外的，有相當多人雖然有夢想及目標，卻沒有採取任何實現所需的行動，只是期待成果。

「我想要說得一口流利英文」，卻完全不肯接觸英文。
「我想鍛鍊身體變得更健康」，過了好多年還在找健身房。
「我想要利用興趣創業」，有這種想法卻連查資料都懶惰。

是不是覺得這些景象很熟悉呢？
平常的工作也是如此。看到漫畫主角櫻美佳的模樣，或許有些人的狀況跟她很像吧。

想著「得快點向上司報告發生狀況了才行」，不知不覺已經傍晚了。
明天有份報告要交卻沒有幹勁，完全沒有碰。
覺得回信太麻煩而不停拖延，結果堆積如山。
明明得念書準備考試才行，眼睛卻盯著手機不放。

不斷重複這類事情後，可能會有人出現「所以我就是沒用」、「總是得拖到最後一刻才願意動」、「要是那時先行動就好了」等苛責自己的想法。

每個人都擁有「立刻做」開關

我將在接下來的章節詳細說明，其實「行動派」的人和不小心就會拖延事情的人之間，能力與個性並沒有太大的差距。

每個人都擁有「立刻做」開關，只是「不小心就拖延的人」忘記該怎樣按下開關而已。

接下來，我將利用漫畫和文章，簡單易懂地解說按下「立刻做」開關的方法。

就讓我們立刻開始吧。

Chapter

1

「啟動」行動

6:00
按
唔～嗯
啊，已經這麼晚了……
7:47
拍拍
啪
盯～

KANKI SYUZO
趕上了…
大家早安～
櫻，妳又差點遲到了耶
是、是的，對不起…
亂～

呼
首先處理昨天的文件…
不對！是要先輸入帳務資料
…咦？我跟超市約好時間了嗎？
提交文件給課長
輸入經費帳務資料
報告書
約時間
思考停止
石化
……
我為什麼老是這樣啊…
總之

先約好時間，再來想其他事情吧～？
!
你為什麼會在這裡…!!
先別說這個，與其想東想西想到無法行動
總之先行動比較好喔～
啊…

不用你說我也知道！
……
嘟嘟嘟嘟
嘟嘟嘟…
啊！平時承蒙關照，我是冠岳酒造的櫻…
喔喔，是櫻小姐！
我正好想要進新的酒耶！
那麼，我明天會前往拜訪！

完成一項
約好時間了
亂～
好，那接下來是
計算經…費…
啊
櫻～課長叫你！
今日截止!!
報告書…!!

沮喪…
為什麼我會這麼不得要領啊…
不小心就想把麻煩事往後拖
探頭
還好嗎～？
既然如此
嘗試10秒行動如何呢～？
10秒行動
10秒…行動？

10秒
10秒行動就是試著從10秒就能做到的行動開始做起～
10秒…啊
舉例來說…試著輸入一筆帳務資料之類的？
喀答
喀答
喀答
再來一筆
喀答
順便再來一筆…
喀答
喀答
!!
完成
十分鐘就完成三分之一了…

為什麼!?
嚇死人
就算只有10秒，只要採取行動就能刺激大腦伏隔核
接著便能打開行動開關了~
行動開關
ON
接下來得整理之前的收據和交通費…
先從整理文件做起…
這工作很耗時，改天再做也行~
這樣啊，那我明天再做
櫻~!!
榊、榊前輩！
你和超市約好時間沒？
哈
預約…
我剛剛已經約好了！
榊 良太（29）

喔！你在我說之前做好了啊
很棒喔，就照這樣努力
好的！
呼～
咕嚕
…
應該還有其他事情要做吧～？
盯—
啊！

這樣說來，我也差不多該打電話給酒行了…
你動作很慢！
但是…因為我的愚蠢失誤被罵了，好難拿起電話喔…
不想打…
消～沉
欸～差不多該吃午餐了
要不要去公園？

100%
唉唉～
當心情消沉時啊
就要活動身體～
活動身體…

起身
健康體操第一段～
吸氣
一、二
三、四
…好像舒服多了！
活動身體可以刺激多巴胺分泌，讓人可以暫時產生動力～
不錯喔～
好！那我回公司去打電話吧
握拳
KANKI SYUZO

吸—
吐—
喀擦
我是冠乇乇…
櫻啊！你到現在是上哪去了！
非、非常抱歉…
從你上次來我這之後已經過多久了啊！
連個聯絡也沒有…
是、是的…我真的無從辯解
但是…
…

沒逃跑算你有韌性！
我就認同你這一點，下次再來我店裡吧
……
好險我有打電話…我還以為他是很恐怖的人
但好好和他說話了
改天再正式上門致意…
呼～
但是…如果我能早點聯絡
也不會讓他那麼生氣了
握拳
我…想要成為一個能把工作做得更好的人
我想改變

欸，如果想要讓工作進行得更順利…
該怎樣養出習慣啊？
這個嘛
就是將地點與行動相互連結！
在固定地點做固定行動
在公司餐廳做思考類工作
在空會議室與客戶約時間
在自己座位上處理例行公事
想要培養新習慣
可以將其與通勤這類已經固定的習慣相連結～
搭上電車後＋閱讀!!

地點…這樣啊
自己一整天會去哪大概都是固定的
沒錯沒錯
利用時間來區分也很有效喔～
思考類工作在自由空間做
上午
企劃案在平常上午於自由空間做…類似這樣～
好厲害！聽起來真棒
我來試試看
總覺得…好像能辦到！
櫻…你看起來充滿鬥志耶
辛苦了～
好的！

哇～好久沒這麼充實了～～！
好，下班吧
咚咚
你還記得……要計算經費嗎？
啊！
如果明天才做，可以把收據先擺在抽屜裡最顯眼的位置喔～
至於為什麼要這樣做～
不可以隨便丟在外面～

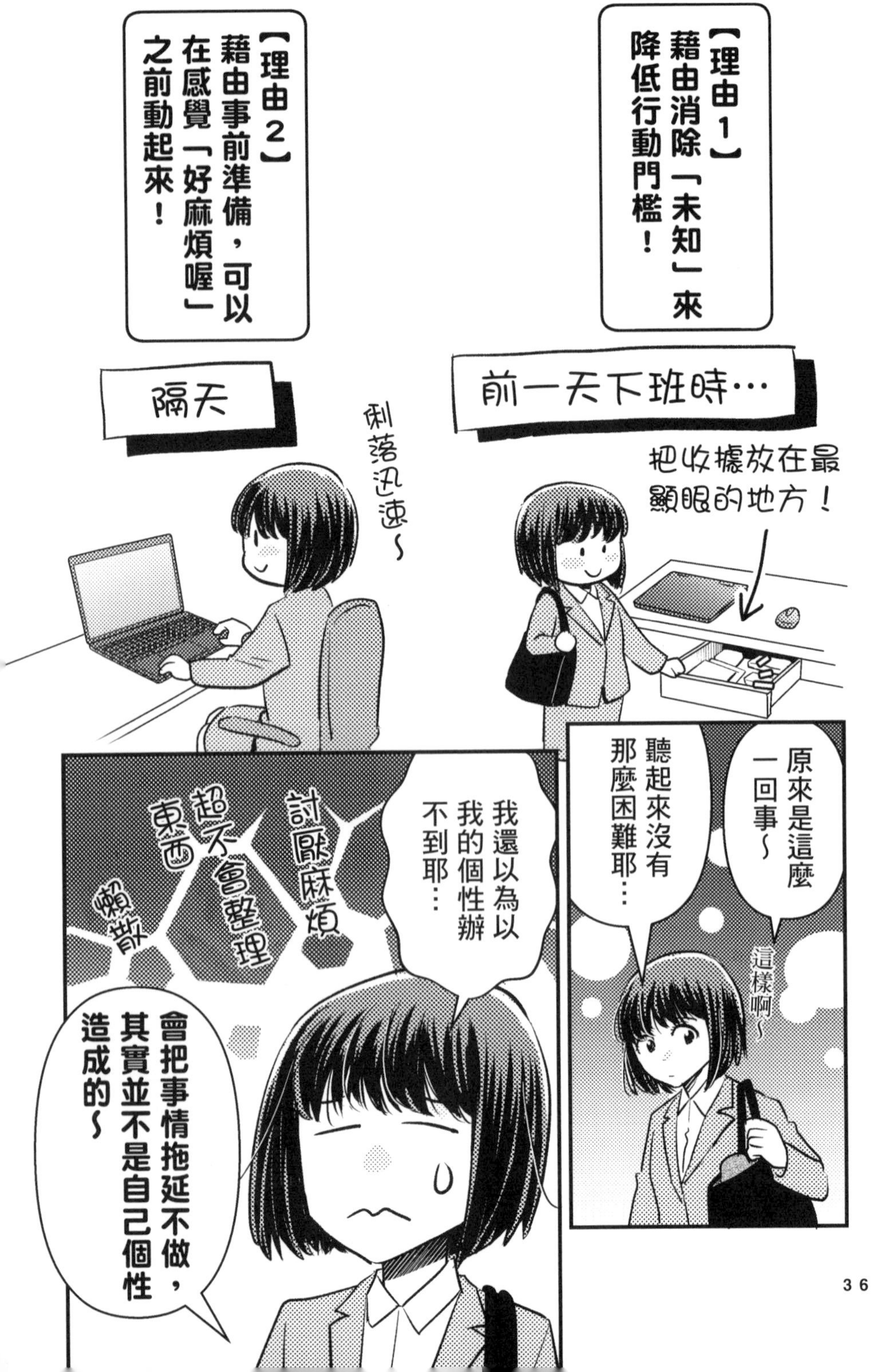
【理由1】藉由消除「未知」來降低行動門檻！
【理由2】藉由事前準備，可以在感覺「好麻煩喔」之前動起來！
前一天下班時…
把收據放在最顯眼的地方！
隔天
俐落迅速～
原來是這麼一回事～
聽起來沒有那麼困難耶…
這樣啊～
我還以為以我的個性辦不到耶…
討厭麻煩
超不會整理東西
懶散
會把事情拖延不做，其實並不是自己個性造成的～

那是因為防衛本能～
咦？
人類大腦為了維持生命，會想要盡可能避免變化～
試圖維持現狀的防衛本能，會阻撓你行動～
對人類莫名清楚耶……這樹懶……
只要和這傢伙在一起，懶散的我……
或許也能改變……

只要創造出行動「契機」，就可以驅動怕麻煩的大腦

不小心就會拖延不想做事。

明明有想做的事情，卻遲遲沒辦法著手進行。

不停重複這類情形後，就會不小心開始責怪起自己「為什麼我的意志力如此薄弱呢」、「為什麼會沒有行動力呢」，但這是天大的誤會。

在漫畫中樹懶也對櫻說了，其實你沒辦法立刻採取行動，並不是因為你沒用，也不是因為你意志薄弱。

是因為人類大腦天生的構造導致你無法行動。

人類的大腦為了維持生命，只要生命沒有受到威脅，就會啟動盡可能避免變化、想要維持現狀的防衛本能。當你想一口氣改變先前的生活習慣或行動，想要開始新事物時，剛開始幾天還能靠幹勁及耐力撐過去，但幾乎都無法長久

持續，容易半途而廢或故態復萌。

問題不是出在能力、個性或幹勁上，最大的原因是大腦的防衛本能試圖要抑制你的行動。我們的大腦其實非常怕麻煩，就大腦的結構來看，難以一口氣就把事情做到完美。

等再久，「幹勁」永遠不會從天而降

看到這句話，或許有人會對「該不會想成為『行動派的人』是件難事吧？」感到不安，但請放心。我們的大腦中有個叫作「伏隔核」（Nucleus accumbens）的部位，**只要刺激伏隔核，就可以刺激提高熱情、讓自己感到愉悅的「多巴胺」分泌，而這個多巴胺就是行動力的源頭**。

只要能啟動這個開關，任誰都能立刻採取行動。

在此最重要的是，伏隔核這個開關並沒有辦法自行啟動，也就是說，替自己打氣「好，我要開始做了！」也沒辦法啟動開關。

另外，就算旁邊的人加油吶喊「要加油喔！」「我會支持你的！」或叱責「快點去做啦！」「你為什麼不馬上去做呢！」也無法啟動開關。

伏隔核會在我們採取行動時受到刺激而分泌多巴胺，所以在「採取行動」之後才有辦法打開開關。

小小行動就能刺激大腦產生變化

說到這裡，又有人開始不安了吧，「我就是因為沒辦法立刻行動才看這本書的啊……」，還請別擔心。

打開伏隔核開關所需的行動，只需要「一點點」就好。

不僅如此，大腦還具備「可塑性」這項特質。可塑性就是，雖然沒辦法接受巨大變化、會立刻想要恢復原狀，但可以接受小變化，這就是大腦的特質。

也就是說，別突然做出巨大變化，只要從小行動開始做起，怕麻煩、討厭變化的大腦就有辦法加以應對。而且，這些小行動就算只是「打開課本」、

「按下電腦電源」等真的超小的行為也沒問題。

想要成為事事不拖延的「行動派」，關鍵就在創造「契機」，也就是啟動行動的行為。

第一章的漫畫內容便是解說以上事項，在第一章中，樹懶告訴櫻變身「行動派」的祕訣總共有六個，接下來將會逐一解說。

第一章登場之變身「行動派」的祕訣

祕訣 1

想太多動彈不得的人，就先採取「初步決定、初步行動」

21頁

沒辦法隨心所欲行動的人有個共通點，就是有「想要好好建立計畫以避免失敗」的心態。其實這想法就是讓你無法採取行動的原因。**為了可以立即採取行動，重點在於最先要增加「行動量」，接著再提升「行動品質」。**

此時可以發揮力量的就是**「初步決定、初步行動」**這個態度。在漫畫中，想東想西想到停止思考的櫻，在樹懶的建議下，先打電話給超市客戶約時間，這就是「初步決定、初步行動」。

又或者，假設你現在想要開始接觸重訓，猶豫著「我正在思考到底是要上健身房好，還是在家訓練就好」、「得先準備運動用的衣服和鞋子才行」，總之先換上現有的方便活動的衣服，試著從伏地挺身或仰臥起坐開始做起，五下、十下都好。這就是初步決定、初步行動。

像這樣總之試著做做看之後，或許會出現「我連十下伏地挺身都做不到」、「拉傷好痛」等連想也沒有想過的結果。

但**這並非失敗，而是你行動之後得到的成果**。

如果伏地挺身做不到十下，那就從一天三下，或是雙膝跪地的姿勢開始做起，你從嘗試中可得知自己能負荷的量。另外，如果因此拉傷表示你的動作有錯，那就可以去找個有好教練確實教學的健身房。

就像這樣，藉由些許的小行動刺激你的伏隔核分泌多巴胺，可以從中得到各種反應以及自身感受等反饋，也讓你容易決定接下來要怎麼做。

祕訣 2

怎樣都無法踏出第一步時，試著就先行動十秒看看

24頁

打算要開始慢跑或學英語會話，明明想要開始新的挑戰，卻怎樣都沒辦法踏出第一步。就算想嘗試前項說明的「初步決定、初步行動」，身體仍不聽使喚。

這種時候最有效的方法，就是把最初的第一步門檻調到最低的「十秒行動」。正如字面所示，十秒行動就是「只要有十秒就能辦到的具體行動」。

如果想開始慢跑卻遲遲無法行動，試著思考「一開始的十秒會先做些什麼呢？」接著執行這件事。

像「換上鞋子」、「換上運動服」，總之先試著做做看。

如果是英語會話那就「坐到書桌前」、「打開課本」，就是這種感覺。

做完這個步驟後就停止也沒關係，只不過，**因為沒有人會在這個階段失敗，就容易接續下一個行動**。

十秒行動的效果也在腦科學領域中獲得實證。

正如前述，人類的大腦為了維持生命，會啟動盡可能避免變化，試圖維持現狀的防衛本能。另一方面，大腦也有「可塑性」這項特質，願意接受一點一滴的變化。

也就是說，如果是十秒就能辦到的小行動，大腦就能應付這個變化。另外，即使是十秒行動這小小的一步，也有刺激伏隔核的效果。

如果只是等待幹勁自己出現，那你永遠都無法採取行動。「總之先動起

來」，自然而然就會出現幹勁了。

祕訣 3 麻煩的事情在前一天就先做一點

35 頁

工作的事可以在前一天下班前、生活的事可以在睡覺前，稍微有點進度或做點準備。

不拖延做完麻煩事的關鍵，其實就在「前一天」。

正如漫畫中櫻所做的一樣，如果想計算經費，那就在前一天下班前把收據整理好放在抽屜裡最醒目的地方，或是先輸入第一個項目後再下班。

如果要準備證照考試，那就翻開課本，把文具擺在旁邊後再睡覺。

如果要打掃房間，那就在前一天晚上先丟掉兩、三樣不需要的東西，或稍微收拾一下預計要整理的房間，讓打掃起來更順利。

只是一點點小舉動，就能讓你更輕易著手這些容易拖延的事情。

這有兩個理由。

第一個理由，這可以調降行動門檻。

這與前面提及的「十秒行動」相同，只要採取一點點行動，就能讓不擅長應付「未知」的大腦，判斷這為「已知」的行動，讓大腦與想維持現狀的防衛本能對抗。

第二個理由，這可以縮短實際著手行動的時間。

如果已經做好事前準備，人就能毫不迷惘地採取行動。可以在出現「好麻煩喔」、「今天還是別做了」等多餘想法前行動，就能把拖延狀況降到最低。

祕訣 4 在相同地點做相同事情

33 頁

每個人都會有不小心就想拖延的工作，或怎樣都沒辦法專注的工作。

這種時候，舉例來說，可以決定好「需要專注力的企劃類工作，我只在最愛的星巴克裡做」、「要和客戶約見面時就在沒有人的會議室中進行」等規則後，並盡可能遵守。

像這樣在相同地點做相同工作，就能逐漸讓大腦形成「只要去星巴克，我就能想出企劃案」的既定印象。接著只要不停重複相同行為，就能更進一步強化這個印象，如此一來，一抵達星巴克時大腦就能立刻切換成寫企劃案的模式，便能順暢地開始工作。

這個效果在心理學上被稱為**「定錨效應」（Anchoring Effect）**。

定錨效應不僅可用在場所，應用在「時間」上也很有效。所以可以決定「平日上午就在公司附近的星巴克寫企劃案」等，連時段也決定好更能加倍提升效果。

祕訣

5

當想要培養新習慣時，就把它和既有習慣綁在一起

33頁

定錨效應不只可活用在「場所」與「時間」上，也可以幫忙將念書、閱讀、寫日記、重訓等遲遲無法化作習慣的行動養成習慣。

具體來說，像是「刷牙後↓深蹲一次」、「搭上通勤電車後↓打開書」，把一件「想要養成新習慣的事情」和「已經養成的習慣」綁在一起就好。

重點在明確界定出舊習慣的行動結尾，以及想養成新習慣的行動開頭。舉例來說，並非只是「刷完牙後深蹲」，而是「把牙刷收回架上之後，深蹲一次」。

祕訣

6

感覺提不起勁時，就先試著活動身體

29
頁

漫畫中出現櫻躊躇著不敢打電話給不擅應付的客戶的場面，無論是誰都會遇到「明明非做不可，但就是提不起勁來」的事情。

這種時候，有一個可以讓心情暫時振奮起來，進而能採取行動的方法。

那就是活動身體。

像是「伸懶腰」、「轉動肩膀」、「輕輕原地跳躍」等，藉由這些小行動能讓大腦釋放行動力源頭的多巴胺。

其他像利用公司內的樓梯移動、去買咖啡等也很有效果。順帶一提，咖啡內富含的咖啡因也有刺激多巴胺分泌的效果。

當你感覺好像提不起勁時，不需勉強自己拿出幹勁來，而是試著稍微活動一下身體。只是養成這個習慣，就能大幅改變你的行動力。

Chapter

2

放開「行動煞車器」

——幾天後
KANKI SYUZO
咦？
清爽整潔
才幾天沒注意，你的桌子變得好乾淨耶
嘿嘿～榊前輩
上班族一年花150小時在「找東西」上面
一年150小時
找東西
文件～
筆記～
欸嘿
…你知道有這個統計數據嗎？

這樣啊～
櫻你確實老是在找東西嘛！
中箭
唔
所以為了減少浪費時間，我已經定好「固定位置」了！
咳咳
只要壓縮找東西的時間，就能增加專注的時間喔～
使用頻率高的物品擺在固定位置！
文件
文具
現學現賣
欸嘿
看，像電腦桌面也是…
保存、參照
結束
本週必要
進行中
其他
喔～你把資料夾分項整理，並把資料分類啊
櫻，你挺能幹的嘛

趁計算經費的空檔
明天十點去拜訪超市，下午兩點拜訪酒行……
很好！
多虧寫筆記，我行程混亂的狀況也減少了呢～
喀答喀答
把在意的事情寫出來，「可視化」也是不錯的方法喔～
櫻～
雖然很突然，你現在可以和我一起去S公司開會嗎？
啊……好！

當工作中斷時
沙沙
先把重新展開工作時要做的事情寫下來！
貼
調整行程
計算經費
要帶去的文件有～
計算經費
立刻做
圈
探
準備好了嗎？
沒問題！
要出門了
啪
鏘

啊——
散落一地
櫻，冷靜點！
我也會幫忙的
是
……嗯？
商品企劃書
業務部
櫻美佳
商品企劃書？

創造讓年輕世代理解日本酒魅力的契機…
世界規模的清酒文化…
翻
櫻，這個…
咦!?
現身
勤勞
樹懶…？
你還有閒嚇一大跳嗎～？
啊

哇—
你可別在客戶面前跑出來喔！
結果只能帶牠一起來了…
我知道啦～
噗噗
安全駕駛！
趕上了…
希望別被人發現…
緊張
櫻！不是那份文件！
什麼！
然後呢
這個嘛
她忘詞了！
啊～…
我出錯了
因為事出突然嘛

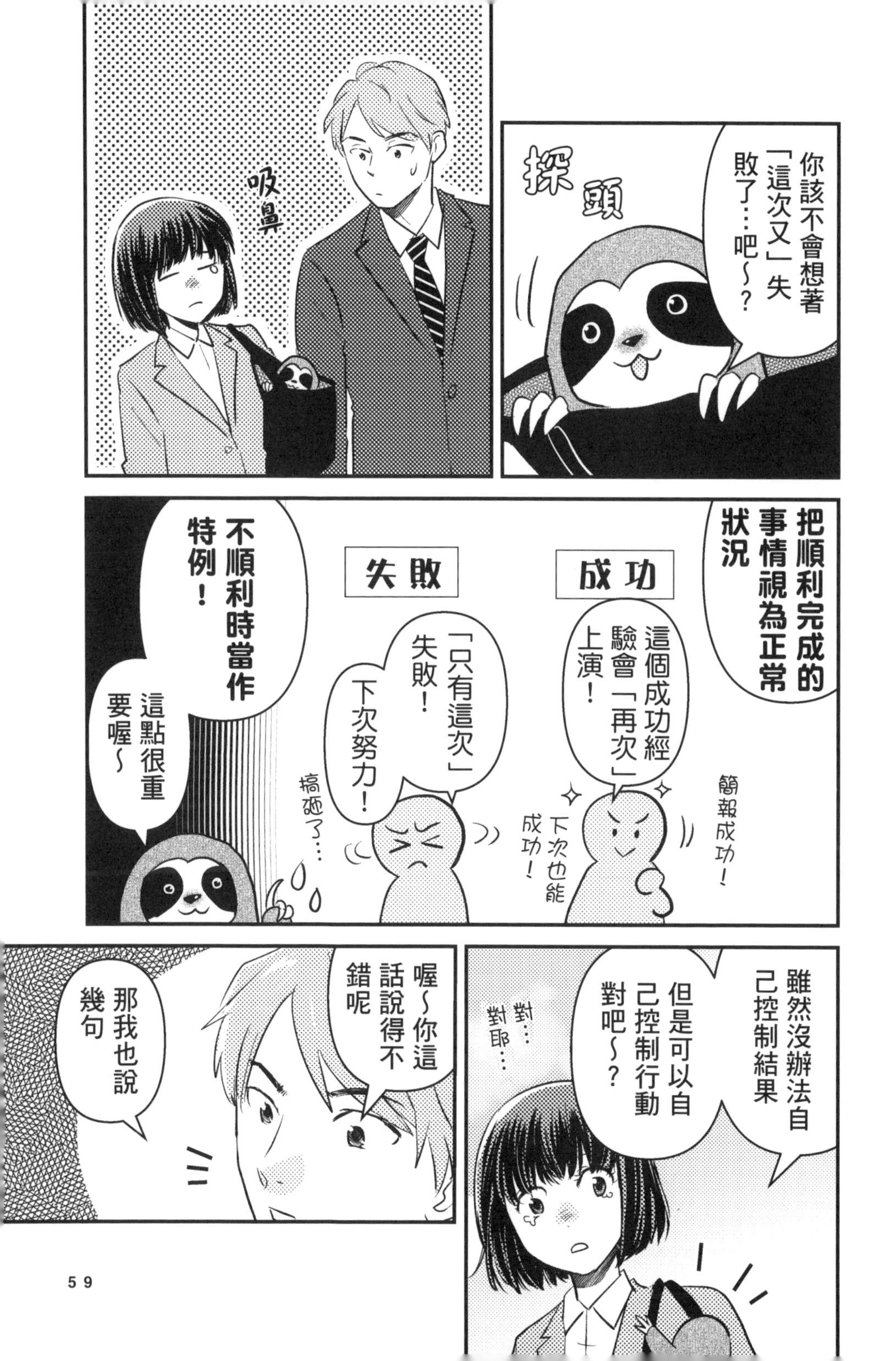
吸鼻
探頭
你該不會想著「這次又」失敗了…吧～？
把順利完成的事情視為正常狀況
成功
這個成功經驗會「再次」上演！
簡報成功！
下次也能成功！
失敗
「只有這次」失敗！下次努力！
搞砸了……
不順利時當作特例！
這點很重要喔～
雖然沒辦法自己控制結果
但是可以自己控制行動對吧～？
對…對耶…
喔～你這話說得不錯呢
那我也說幾句

當感覺快被壓力擊垮時
就閉眼一分鐘
壓力
不安
焦躁
一分鐘
斷絕資訊，稍微讓自己放鬆
斷絕資訊…
只是斷絕從視覺得到的資訊，就能急劇減緩對大腦造成的負擔喔～
人類大腦獲得的資訊有83%來自視覺
像是深呼吸
或喝喜歡的飲料也很有效

反之，當你感到心情鬆懈時
我受到期待！
就要想著「我得回應周遭的期待才行！」
振作！
給自己適度的壓力
給你
謝謝前輩
停止
但是…
才不會有人對我有期待…
嗯—
至少我對你有期待喔
咦…

而且啊
樹懶似乎也給你不少建議
今後也請你多幫忙啦
可以嗎？
KANKI SYUZO
立刻做…
計算經費
立刻做
啊
開始吧！
喀答
喀答
喀答
喀答
寫上「立刻做」就可以成為10秒行動的動機呢～

今天一天也轉眼間就過去了
或許也全多虧有樹懶的建議…
啊…已經這麼晚了
拉
嗯？
你想好明天要做些什麼了嗎～？
想好？
早上到公司後到進入工作得花上不少時間
有沒有這種經驗呢～？
呃—
…
該做什麼
我是要做什麼來著…
啊…有！
應該說每天

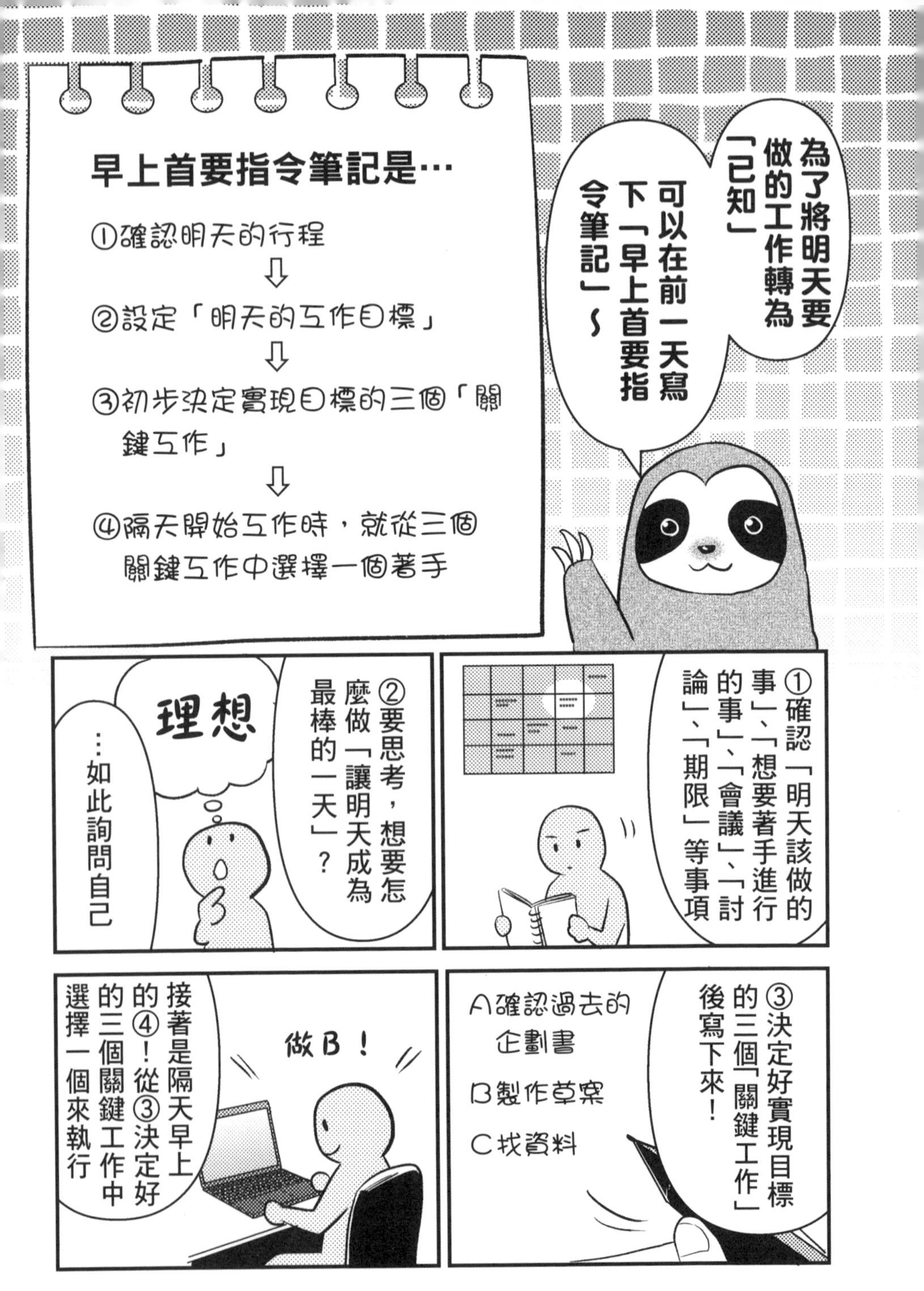
早上首要指令筆記是…
①確認明天的行程
⇩
②設定「明天的工作目標」
⇩
③初步決定實現目標的三個「關鍵工作」
⇩
④隔天開始工作時，就從三個關鍵工作中選擇一個著手
為了將明天要做的工作轉為「已知」
可以在前一天寫下「早上首要指令筆記」～
①確認「明天該做的事」、「想要著手進行的事」、「會議」、「討論」、「期限」等事項
②要思考，想要怎麼做「讓明天成為最棒的一天」？
理想
…如此詢問自己
③決定好實現目標的三個「關鍵工作」後寫下來！
A確認過去的企劃書
B製作草案
C找資料
接著是隔天早上的④！從③決定好的三個關鍵工作中選擇一個來執行
做B！

如果一大早無法順利行動
從剩下的兩個行動另選就可以～
喔～好像不錯
感覺好像能順利辦到
我先下班了
辛苦了～
…
啊！
我忘記了…原本打算今天前要整理完後天會議要用的文件耶
啊～
明天下午提早快點做吧…
但我下午一點有約了…
喃喃自語

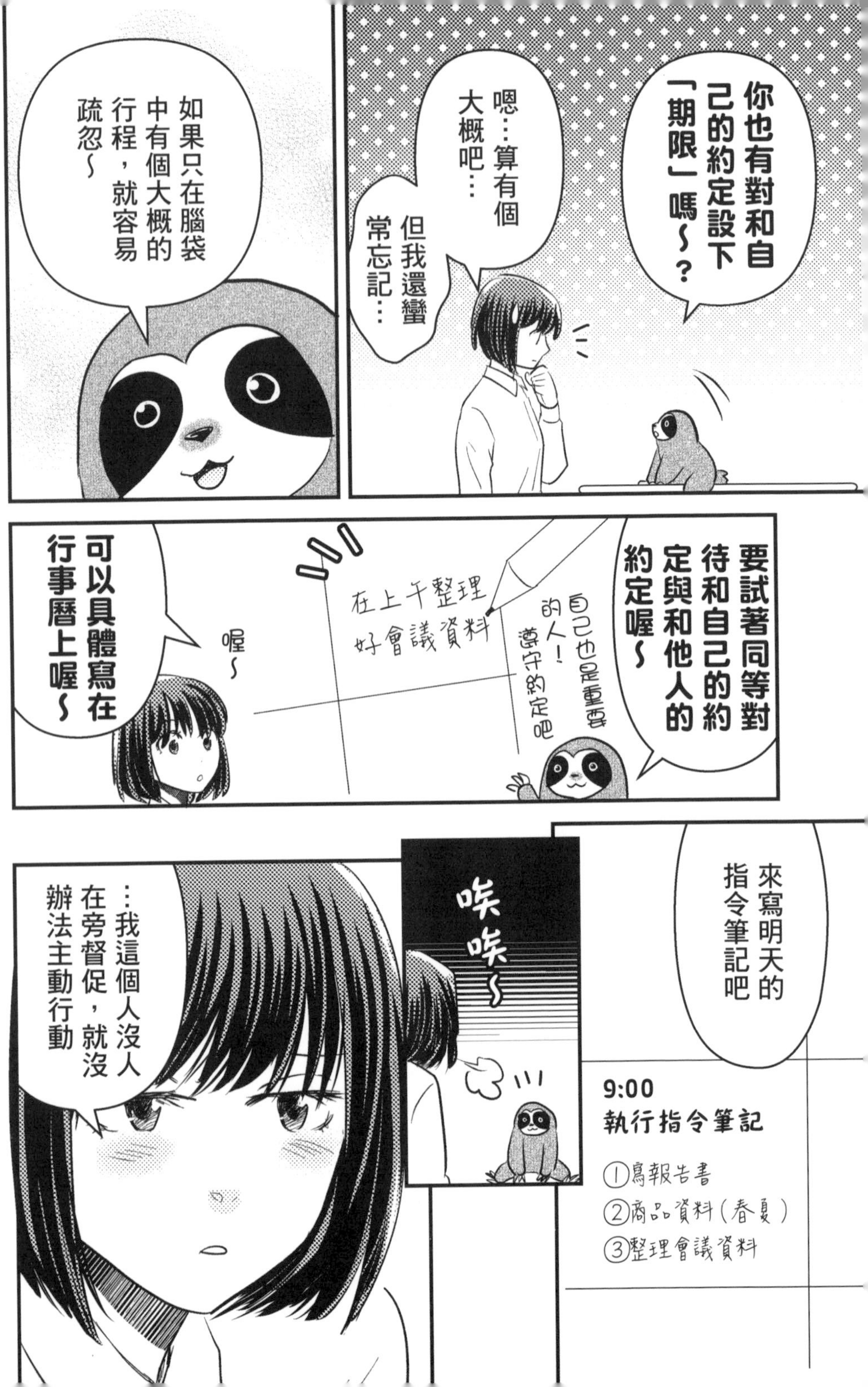
你也有對和自己的約定設下「期限」嗎～？
嗯…算有個大概吧…
但我還蠻常忘記…
如果只在腦袋中有個大概的行程，就容易疏忽～
要試著同等對待和自己的約定與和他人的約定喔～
自己也是重要的人！遵守約定吧
在上午整理好會議資料
喔～
可以具體寫在行事曆上喔～
來寫明天的指令筆記吧
9:00
執行指令筆記
①寫報告書
②商品資料（春夏）
③整理會議資料
唉唉～
…我這個人沒人在旁督促，就沒辦法主動行動

不只忘記整理資料，發生意外狀況時就會很慌張…
我真的能改變嗎？
關於這點，其實不是你不行喔～
問題出在你建立計畫的方法上～
建立計畫
建立計畫？
先不論三十分鐘、一小時後等時限短的計畫
當期限設定為一週後、一個月後等較長時間時
能照計畫進行真的罕見，對吧～
一週後
三十分鐘後
一個月後
一小時後
我是要做什麼來著？
確實如此…
我有自信會忘記
所以要準備數個「意料之外」的計畫～
數個計畫

A計畫：週一上午整理文件
B計畫：週三下午整理文件（假設週一上午無法照計畫）
C計畫：週四上午整理文件（假設週三臨時要討論工作或開會）
D計畫：週五下午一點到三點不排行程（假設以上計畫皆無法執行）
只要事先準備好數個方案
就算發生意外狀況，還是能「照計畫」完成事情～
但是…
但是啊…
我活到今天可是個眾所皆知，不折不扣的懶人耶
知名的懶人
眾所皆知…
天下第一
懶散
照預定行程來…
我有辦法持續做到嗎…

那麼
試著思考最壞的狀況如何呢？
像是對你說「我對你有期待」的榊前輩也放棄你了之類的…
我太失望了！
晴天霹靂
瘋狂搖頭
我不要！
對吧？追根究柢，人類行動的理由只有兩個喔～
那就是
迴避討厭事情的迴避痛苦
迴避痛苦
以及，想像未來的成功或報酬的追求快感！
辦到了！
你好棒！
追求快感

要知道自己容易按下哪種模式的行動開關
這是首先最重要的事
行動開關
快感
痛苦
我不想辜負榊前輩的期待…
迴避痛苦型
就是這樣
那麼你就有幹勁了對吧～？
我要做好!!
好棒好棒！
那麼，如果你有確實完成…
我就為你…準備禮物…
給你的獎賞
真的嗎!?
嗯…完成後的獎賞能替你打開行動開關…
瞇眼

睡著了……
沉睡——
呼
雖然有種隨牠起舞的感覺……
但這種提起幹勁的感覺不賴！
振奮
顆顆
而且……
我對你很期待喔
我不想要讓榊前輩失望
嗯！
明天也要加油喔！

剝奪專注力的「行動煞車器」，總是無所不在

明明正在專心工作，卻有人跑來找你說話。

該做的事情太多，不知道該從哪件事開始做而思考當機。

發生預料外的突發狀況而張皇失措。

與漫畫中的櫻相同，我們遇到這種狀況時，專注力就會被剝奪，無法隨心所欲行動。其實我們的日常生活中隨處可見這類「行動煞車器」。

舉例來說，假設你今天想要從家裡騎自行車到距離三十分鐘遠的公園慢跑。但就在你出發之後，自行車爆胎了。這樣一來就沒辦法去公園，而且你打電話給附近的自行車行，發現今天臨時休息……。結果那天變成懶懶散散看電視過一天了。

就像這樣，接連碰到突發狀況也會變成阻礙行動的因素。

兩個放開「行動煞車器」的方法

此時以下兩個方法可以幫助你放開「行動煞車器」。

①找出原因，排除阻礙因素
②聚焦在目的上，將阻礙因素的影響降到最低

以剛才提到的自行車例子來說明，如果自行車行休息沒辦法修輪胎，那就採取搭公車、電車、計程車等其他交通手段就好。

這就是方法①「找出原因，排除阻礙因素」的具體事例。

那麼，如果想用方法②「將阻礙因素的影響降到最低」，該怎樣解決呢？

首先你要先回想，你去公園的目的是什麼？

目的應該是要去「慢跑」。既然如此，只要在家裡附近慢跑就可以達成你的目的了。

另外，你也可以上網查附近有哪個公園可以慢跑。

或許有人會想「原來如此」、「確實是這樣呢」，也或許有人會想「這不是廢話嗎」。但如果將其套用在每天的行動、生活或工作上，又會如何呢？

準備好隨時能拿出來用的應對方法

之所以沒辦法做到理所當然的事情，是因為你沒準備好應對方法。就算有**這個知識，只要沒事先準備成隨時能利用，那就派不上用場。**

「因為有人打擾讓我做不完」、「沒有時間所以做不到」、「出現了其他非做不可的事情」、「今天好累了沒辦法」、「不用急著今天做也無所謂啦」，你是否找了理由阻止自己行動呢？只要知道方法，輕而易舉就能放開剝奪我們專注力的「行動煞車器」。

在第二章的漫畫中，樹懶和榊前輩告訴櫻許多放開「行動煞車器」的祕訣。

接下來請讓我加以詳細介紹這些祕訣吧。

第二章登場之變身「行動派」的祕訣

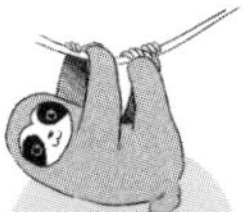

祕訣 7 明確決定好桌上物品的位置

52頁

好不容易拿出幹勁來了卻找不到需要的書；在找剪刀時開始在意起尚未處理的文件，結果沒辦法做現在該做的工作；找資料花太多時間，壓縮了寫企劃書的時間……。

找東西會擾亂情緒，令人不耐煩、焦躁，剝奪專注力，成為妨礙行動的原因。只要能夠壓縮找東西耗費的精力與時間，就能更容易行動，也能減少專注力遭到剝奪的次數，所以請務必把桌子整理乾淨。

雖然這樣說，想要「好好」整理桌面，也遲遲無法採取行動。所以，首先**決定好文具、文件中最常用到的幾項東西，在桌上或是抽屜裡的固定位置**。如果是常用的東西，應該不會造成太大的負擔，只是「用完就放回原位」而已，所以能防止再次變亂。

祕訣 8 每個月整理一次電腦桌面

53頁

不僅物品，找不到資料檔案也是丟失專注力以及心情煩躁的原因。寫到一半的報告、為了以防萬一的備份資料、不知何時下載的檔案與圖片等，你的電腦桌面是不是亂成一團呢？和整理辦公桌相同，也把電腦桌面整理好吧。

首先，先設定好每個月一次固定整理電腦桌面的日子後，寫在月曆或行事曆手冊上。接著刪除不需要的檔案或資料夾，刪除後新建下列五個資料夾。

「①保存、參照用」、「②已結束（今後再使用的可能性很低，但沒辦法立刻丟棄的檔案）」、「③本週所需的檔案」、「④本週用不到，但與現在工作有關的檔案」、「⑤①～④以外的其他檔案」。

其中只將③「本週所需的檔案」擺在電腦桌面上，其他四個請放在「電腦內的D槽」、「外接硬碟」、「雲端硬碟」等桌面以外的地方。這些檔案也請另外備份在其他兩個地方吧。

重點在於⑤「①～④以外的其他檔案」。這裡存放無法刪除、卻也沒辦法分類進①～④的檔案或資料夾。每個月整理電腦桌面時，建立「二〇二四年九月」這類以「年月份」命名的資料夾，並把相符的檔案與資料夾全部移動到裡面去，接著收納在⑤資料夾中。只要按年月份整理後，需要時也容易找到收放在資料夾中的檔案。

祕訣 9　當工作被中斷時，先把重新開始時要做的第一件事寫下來

55頁

每次在專心工作時會有人來搭話；在很忙碌時，突然有訪客或來電而不得不中斷工作；上午明明相當專注，吃完午餐之後便失去專注力。

專注力一旦中斷，就難以恢復。就算想重新展開工作，也會不小心看起網路新聞，或是確認有沒有新信……，我想應該許多人都有這樣的經驗吧？

我們在工作一度中斷後沒辦法立刻重新專注，是因為不確定「重新開始時該做什麼？」

反過來說，就算工作中斷，只要一開始明確決定好重新展開時要著手進行哪項工作，便能提升毫不迷惘重回工作的機率。所以當你工作中斷時，只要先寫下重新開始時要做的事情並貼在醒目的地方就可以了。

另外，寫這個筆記時，用**「現在立刻看桌上的文件」**、**「現在立刻寫信給**

A先生」這類「現在立刻○○」的句型書寫相當有效喔。

祕訣 10

每天工作結束時，先想好明天要做哪些工作並寫下來

64頁

早上抵達公司猶豫著「那麼，今天要從哪件事開始做起呢」時，三十分鐘就過去了……你是否也有這樣的經驗呢？這與工作中斷時相同，是因為沒有明確決定好要做什麼所致。**為了避免這種狀況發生，在前一天決定好隔天一大早要做的三件事情並寫下來，是很有效的方法。**

在漫畫中，樹懶用「早上首要指令筆記」的名稱介紹此方法，具體方法是用以下三步驟決定隔天早上該做的事情。

首先，在一天工作結束時，確認明天該做的工作、預定行程以及截止期限等事項。

接下來自問「明天工作的目的是？」「為了讓明天變成完美的一天，我實際上想要怎麼做？」舉例來說，要完成企劃書、要確定好一個合約等等，根據不同的狀況會得到不同的答案。

最後，訂出三個為了實現明日目標的關鍵工作，並寫下來。舉例來說，如果想要完成一直拖延的企劃書，那就有「閱讀過去的企劃書」、「十五分鐘寫好草案」、「尋找參考資料」等工作可做。

接著在隔天早上，從三個關鍵工作中選擇一個著手，如果這樣仍無法順利動起來，那就轉而選擇其他兩件事來做就好。

一開始先準備好多個行動方案，就能預防一件事不順利而導致工作停滯的狀況。

早上首要指令筆記是…
①確認明天的行程
⇩
②設定「明天的工作目標」
⇩
③初步決定實現目標的三個「關鍵工作」
⇩
④隔天開始工作時，就從三個關鍵工作中選擇一個著手
為了將明天要做的工作轉為「已知」
可以在前一天寫下「早上首要指令筆記」～

祕訣 11

當三心二意無法專注時，把在意的事情全寫下來

54頁

回信、製作期限將到的文件、身體狀況、小孩的升學考試、貸款還款等等，你是否也曾因為心中太多在意的事情，而無法專注在眼前的事情上呢？

嚴格來說，人類一次只能思考一件事。當你腦海塞滿了在意的事，當然就沒辦法專注在眼前的事情上。

這種時候，就把自己在意的事情全部寫下來，接著逐一寫下應對方法吧。

將腦中想法「可視化」之後，就會變得令人訝異的輕鬆簡單。

・忘記回信↓下午一起回
・貸款還款↓確認銀行帳戶的餘額
・身體狀況不太好↓今天晚上十點前上床睡覺

如同以上，只要寫下在意的事情，就能將腦袋裡抽象思考的事情具體呈現，除了能整理思緒外，也能讓腦袋清爽舒暢許多，**且當你將掛心的事情寫出來後，就能俯瞰自己的思考與行動，解決問題的能力也會因此提升。**

祕訣 12
感覺快要挫折時，就將事情視為個案、特例
59頁

使出渾身解數提案後卻沒成功簽約、卯起幹勁開始重訓卻半途而廢，好不容易奮起挑戰卻沒得到成果，這會令人沮喪失落，進而讓之後的行動變得消極。

人類遇到事情不順利時，容易產生「這個不順會永遠持續」的想法，遇到事情順利時會想「這肯定只是一時的幸運」，但這兩個想法應該要對調才比較好。

舉例來說，當你重訓半途而廢時，視其為正常狀況抱持「我總是沒辦法持續」、「下一次肯定也無法持續」等想法，與視其為特例認為**「這次雖然沒有持續下去，但下次又另當別論啦」**，你覺得哪種想法可以讓你展開下一次行動呢？當然是後者吧。

當事情不順遂讓你感到挫折時，就把這件事情當作個別的特例狀況吧。

別聚焦在結果上，而是要聚焦在自己可以控制的「現在能採取的行動」上。

祕訣 13 感到壓力時，閉眼一分鐘斷絕所有資訊 60頁

明明是第一次嘗試卻不容許失敗，且可供參考的前例或資訊稀少，還沒有可商量的對象……，如果處於這種狀況，任誰都會因為不安、焦慮與壓力而過度緊張，陷入停止思考或停止行動的狀態中。

即使沒到這種程度，「擔心沒有辦法順利」、「會不會失敗啊」，不小心就會想像尚未發生的事情愛窮緊張的人，應該常常處於過度緊張的狀態吧。

像這樣過度緊張，就會跟電腦當機一樣，讓人遲遲沒辦法採取行動，不小心往後拖延的事情也越來越多。常常緊張的人可以有意識地舒緩緊張，這樣容易出現好結果。

其中最簡單且有效的方法，就是「閉眼一分鐘」。只是阻斷視覺獲得的資訊，就能大幅減少帶給大腦的負擔，得以緩解緊張感。有研究報告指出「人類大腦獲得的資訊有八三％來自視覺」，我們從眼睛得到的資訊帶給大腦很大的負擔。其他像深呼吸或是喝喜歡的飲料，也很有效果。

祕訣 14

太放鬆時要適度給自己壓力

61頁

過度緊張會阻礙行動，反之要是過度放鬆，也會變成一個替行動踩煞車的原因。

舉例來說，制式化且沒有低標的工作，就算不順利也不會造成他人困擾時，就很容易拖延不做。另外，遠距工作在身邊沒有其他人的狀況下，有些人也會因此鬆懈而變得懶散。

這種時候，就需要創造出「適度的緊張感」。**創造適度緊張感最有效的，就是「他人對自己有所期待」的感覺**。

心理學中有個「比馬龍效應」（Pygmalion Effect），指出當人受到「這個人很厲害」、「肯定會成功」等稱讚或備受矚目時，就有做出眾所期待成果的傾向。**而且已經證實了，就算只是自己想像出來的「期待」與「矚目」，也有同等效果**。也就是說，你只要認為「自己受到身邊的人期待、矚目」，就會產生適度的壓力與緊張，讓你能夠動起來。

秘訣

15

和自己的約定也要設定「期限」

66頁

能遵守和他人之間的約定的人，也容易把和自己的約定往後推延。**這是因為大多數人都不會將和自己的約定寫進行事曆，將其具體呈現出來。**

和重要的人約定時，一定會立刻寫進行事曆裡，且多少有所勉強也會遵守對吧。假設真的沒辦法守約，也會立刻想出替代方案避免造成對方困擾。仔細想想，對我們來說自己也是「重要的人」，所以和自己定下約定時，和與他人約定一樣要當成最優先事項，立刻寫進行事曆中且死守這個約定吧。

秘訣

16

準備多個計畫消滅「意外」

67頁

明明想著「週末要來打掃房間」，卻因為臨時有工作而無法實現。

明明決定「這週要完成報告！」卻因為身體狀況不好沒有寫完。

有時就算自己設定好期限，並按部就班朝目標前進，卻沒辦法順利達成。

這並非你的能力有問題，而是你建立計畫的方法出了問題。

先別論「三十分鐘後、一小時後」等時間很短的期限，當期限設定為一週後、一個月後等較長時間時，能照計畫進行才真的罕見。

所以，一開始就要預期意料之外的狀況，並準備好數個方案。

以整理房間為例，「A計畫：週六白天打掃房間」、「B計畫：（假設週六白天無法打掃）週六晚上打掃房間」、「C計畫：（假設週六整天都沒有時間）週日早上五點起床打掃房間」、「D計畫：（假設所有計畫皆無法進行）週日下午三點後絕對不排其他行程」，大概是這種感覺。

像這樣只要事先準備好數個方案，就算發生意外狀況，還是能「照計畫」完成事情。

先不論三十分鐘、一小時後等時限短的計畫
當期限設定為一週後、一個月後等較長時間時
能照計畫進行真的罕見，對吧～
三十分鐘後
一小時後
一週後
一個月後
我是要做什麼來著？
確實如此……
我有自信會忘記

祕訣

17

當怎樣都無法行動時，就將最糟的狀況具體化

69頁

極端來說，人類會行動的理由只有兩個。

那就是為了避開「辛苦、痛苦、疼痛、丟臉」等事情而行動的「迴避痛苦」，與為了得到想要的結果、為了實現夢想與目標，或是為了得到「開心、喜悅、爽快」等感受而採取行動的「追求快感」。

請你先試著思考「未來的事情」，不管是半年後或三年後都可以。想像未來會感到興奮雀躍的人，就是追求快感型。與此相對，想像未來時比起興奮雀躍更感到不安或焦慮，甚至有沮喪傾向的人，就是迴避痛苦型。

這是每個人的個性，沒有好壞之分，要先知道自己容易按下哪種模式的行動開關，接著學會按下各自開關的方法，祕訣17要介紹的是「迴避痛苦」型啟動開關的方法。

以報告工作上的突發狀況為例，立刻向上司報告能讓你的心情輕鬆許多，另外，盡早報告及做出應對或許也能得到上司好評，即使明白這些也難以行動的人，無法以追求快感的「現在立刻報告就能變輕鬆」的心態來採取行動。這種時候，比起眼前的「追求快感」，你可以試著如以下明確在紙上寫下「如果不立刻做，未來可能會出現的痛苦」。

- **太晚報告讓傷害擴大**
- **傷害擴大會造成公司莫大損失**
- **結果被上司痛罵一頓，同時也失去客戶的信賴**

像這樣，當你將未來可能面對的痛苦慘況具體化，就能產生「我不想要變成那樣」、「無論如何都要避免」的想法，而打開迴避痛苦的行動開關，讓你進一步採取行動。

祕訣
18
設定獎勵提供自己動力
70
頁

前面介紹了「迴避痛苦型」啟動行動開關的方法，但如果一直只使用這個開關，只會不停消磨腦袋和身心。特別是只靠著「得這樣做才行」的義務感或責任感來行動，會相當疲憊。

這種時候就需要啟動「追求快感」的行動開關，讓你在興奮雀躍的情緒中展開行動。平常總是用「迴避痛苦」行動開關的人，先試著從想像**「最棒的成果（想像你在現正進行的工作中，做出最棒成果時的場面）」**開始做起。

如果是不停拖延打掃房間，就可以想像自己在乾淨房間裡放鬆的畫面，或想像請朋友或情人來家裡吃飯的模樣。如果是準備證照考試，就可以想像考過證照後成功換工作，或是升遷的場面。

像這樣一開始先想像行動終點的方法，稱為「心理演練」（mental

rehearsal）。藉由心理演練，就能按下「想變成那樣！」的「追求快感」行動開關，更加自主且順利地採取行動。

雖然這樣說，有「迴避痛苦」思考的人，很可能沒辦法只靠想像啟動開關。**這種時候，就送給自己「獎勵」吧。**

舉例來說，**「工作結束後，要喝個冰涼涼的啤酒！」、「去看一直想看的電影！」、「今天努力後，就要去吃平常忍著不吃的甜點！」**等，什麼獎勵都可以。給自己的獎勵就算與工作不直接相關，也有啟動「追求快感」行動開關的效果。

Chapter 3

不被情緒左右！創造「行動派心態」的方法

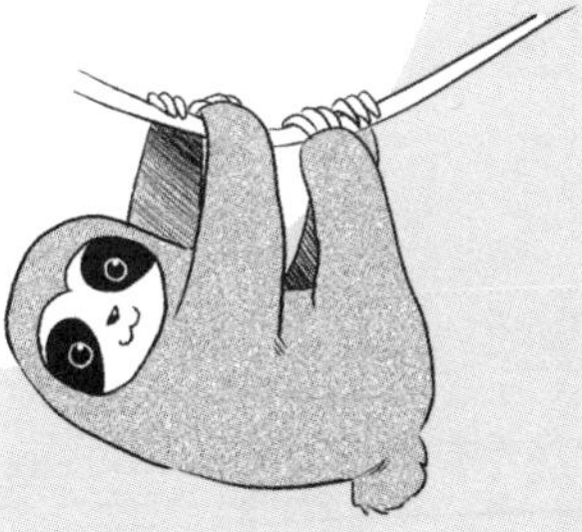

大家早安～
砰
榊前輩不在…
他好像說今天要直接去B公司
立刻來做早上首要指令…
櫻小姐

下次試飲活動的時間表在哪？
咦？我昨天已經放在桌上了喔
咦～…我沒有看到耶
什麼
啊
呼～…有找到真是太好了
終於可以回位置了
喀答
喀答
喀答
哇！已經這麼晚了
得快點吃午餐，下午一點要去談生意

大口
紅豆麵包
你太慢了
非常不好意思！
這是我們公司新商品的介紹……
……唉
總覺得好不順利喔～
回公司後要整理明天會議的資料
然後把上午沒處理完的工作解決掉……
喃喃自語……

沮喪…
今天不管做什麼都沒有成果啦～
探頭
這種時候啊
就別關注「結果目標」
行動目標
而是要關注「行動目標」～
咦？
什麼什麼
行動目標是什麼？
啊
糟了！
樹懶!?

像本月要簽到十個合約！
考取證照！
簽成十個合約！
證照
要瘦五公斤！
這些屬於重視「結果目標」
行動目標則是以為了做出成果所需的「行動」為目標～
重視行動！
如果關注結果目標，當無法達成或做不出成果來時…
就會拖延到下一個月
會這樣這樣
或出現「反正不管怎麼努力都沒有意義」等
降低動力的狀況…
但是
…然後，會出現不順利的惡性循環！

為了簽成十個案子
每天打三十通電話！
一天拜訪一家現有的客戶！
每週發送兩百封廣告郵件！
…像這樣，只要把「行動」設定為目標
就不容易感到不安或有壓力了～
喔——！
確實如此！
尤其是我們業務員常會被結果牽著鼻子走
偶爾用「打擊率」來思考也是好方法喔～
打擊率
打擊率是棒球那個？
沒錯！職業選手的平均打擊率大概兩成五左右～
兩成五

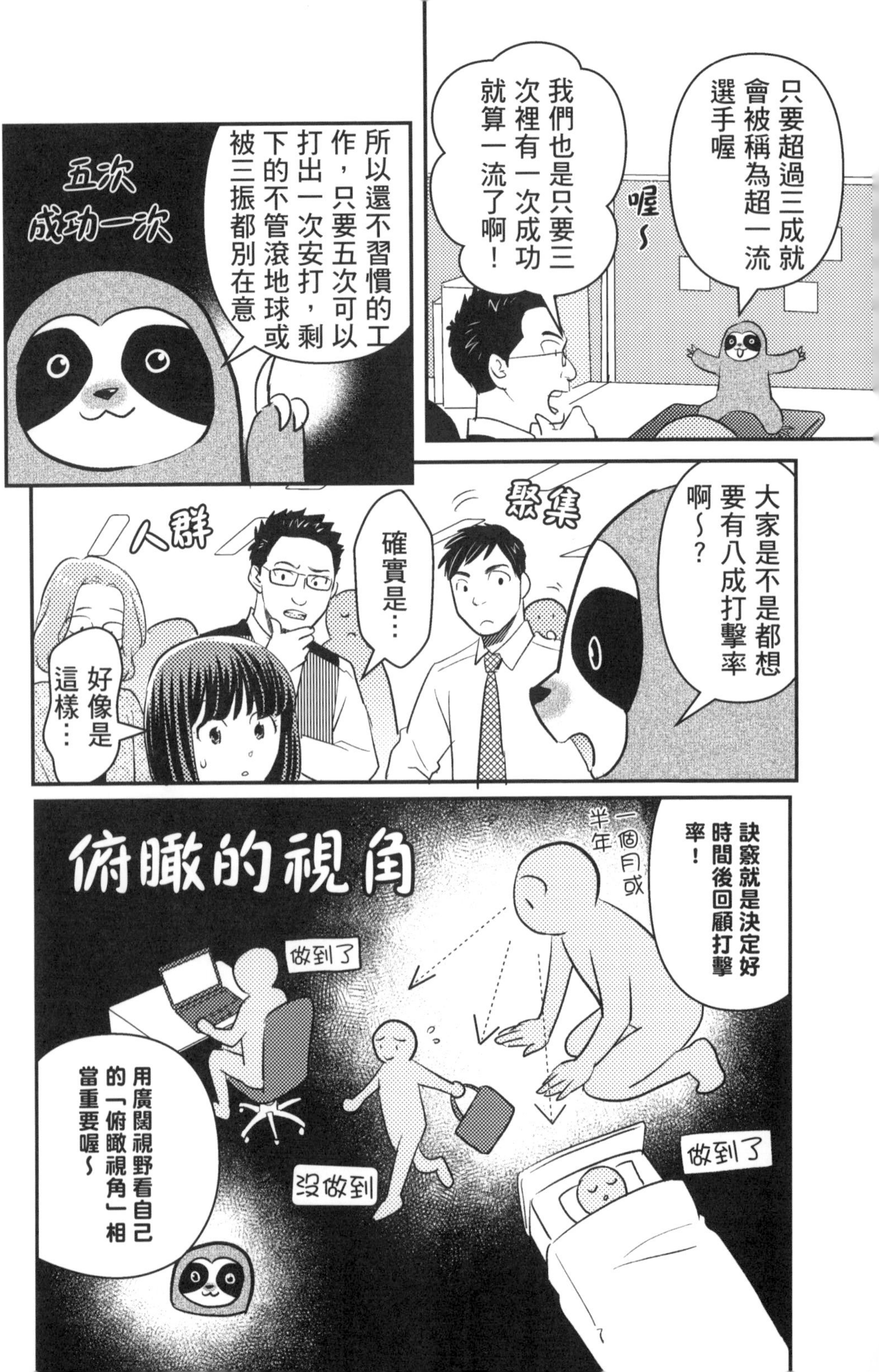
只要超過三成就會被稱為超一流選手喔
喔〜
我們也是只要三次裡有一次成功就算一流了啊！
所以還不習慣的工作，只要五次可以打出一次安打，剩下的不管滾地球或被三振都別在意
五次成功一次
大家是不是都想要有八成打擊率啊〜？
聚集
確實是…
人群
好像是這樣…
訣竅就是決定好時間後回顧打擊率！
一個月或半年
俯瞰的視角
做到了
沒做到
做到了
用廣闊視野看自己的「俯瞰視角」相當重要喔〜

只要能俯瞰自己
喔～
就能減少被眼前的結果或成果牽著鼻子走的狀況喔～
但是啊……
只要事情接連不順利就會很沮喪耶～
沒錯沒錯！
覺得自己不行…
然後就會喪失自信呢
這種時候啊
做到了
沒做到
就拋棄「做到了／沒做到」一分為二的尺規吧！
尺規？

以「零或一百」的基準無法測量！
沒做到
做到一點
勉強做到了
還算做到了
幾乎做到了
做到了
把尺規的標準細分，增加更多級距吧～
啊，這樣一來可能就是「還算做到了」呢！
我也是！勉強做到了
我也是做到一點了！
這個尺規能讓人湧出幹勁耶！
真不錯！
大家好興奮喔
只要發現小小成果，就能讓人樂觀積極啊……
大家都好厲害……

結果我還是「沒做到」啊…
每件事都不行…
別只看你沒做到的事，關注你有做到的事啦～
不管什麼事都可以，把你辦到的事寫出來吧～
工作以外的事也可以喔～
什麼都可以嗎？
自己做便當
早上會好好打招呼…
早上能在決定好的時間起床
喔～
你超強耶！我絕對會睡回籠覺然後差一點遲到～
哇～原來你會做便當喔！
我想看
打招呼很重要呢！
很棒喔～
咦…！

這樣啊…原來我也做到了這麼多事！
我好棒耶！
感動
啊哈哈哈哈
有幹勁了呢！
失去自信時難以發覺「做到的事情」～
「做到了」濾鏡
別用「沒做到」濾鏡，要用「做到了」濾鏡看事情
這很重要喔～
喀嚓
我回來了～
吵吵鬧鬧
嗯？

榊前輩！辛苦你了
已經被大家發現了啊！
榊前輩和櫻都太過分了啦！竟然把會說出好建議的樹懶藏起來
哇！
超狡猾～!!
…已經廣受大家歡迎了呢
牠就是冠㐂酒造業務部的官方吉祥物了啦！

話說回來，櫻，明天會議用的文件
你已經整理好了嗎？
啊!!
咿——
唉唉～……
叩咚叩咚
總覺得今天工作都沒有如願做好
我很開心樹懶受到大家歡迎
但為什麼都過這麼久了，我還是做不好

榊前輩無論何時都能迅速行動
也確實做出成果來…
而我呢，借助樹懶的力量也好不容易才算得上半吊子
即使和他人比較，也沒辦法感受自己的成長喔～
你不可以跑出來啦
幹嘛看穿人家的心思啦！
你剛剛提到的事啊…

那個人真厲害～反過來看我自己…之類的
手腳俐落
很好奇那個人是怎樣工作的…之類的
自己比那個人好多了…之類的
一直思考這類事情，會讓情緒朝負面發展
行動也會跟著停滯～
反正我是
這種人…
過去
所以和自己比較的對象，無論何時都是過去的自己！
現在
過去的自己…
說的也是

和過去的自己比較後…
多虧有榊前輩和你
我開始不會替怠惰找藉口了…吧
例如哪種藉口呢～？
像我沒做過…
或我沒時間…
這類的！
很棒喔！
察覺無意識中說出口的「藉口」…
是很重要的呢～
嗯…

我一直對自己沒有自信
但發現試著去做之後也能順利完成許多事
所以開始不找藉口了
叩咚
叩咚

商品企劃書
創造讓年輕世代理解日本酒魅力的契機…
世界規模的清酒文化…
那時的企劃書…
櫻…那傢伙真正想做的事情是…
叩咚
叩咚

行動派的人和愛拖延的人之間，能力與個性沒有太大差別。唯一的差距就是對待事物的看法

其實「行動派」的人和不小心就會拖延事情的人之間，能力與個性並沒有太大的差距。**但兩者對於事物的想法、態度、理解方法、如何應對的方法，有很大的不同。「任何事物都需經過兩次創造。」**這是以《與成功有約：高效能人士的七個習慣》一書聞名的史蒂芬．柯維（Stephen R. Covey）博士所說的話。簡單來說，就是所有事情都是先在腦海中創造一次後，再實際成形，也就是說，凡事皆歷經了「心智創造」與「物質創造」兩個階段。

舉例來說，蓋房子時絕對不會有人從立梁柱開始。首先想像要蓋出什麼樣的建築物後畫設計圖，接著以設計圖為基礎蓋房子。

這不僅限於建築業，旅行肯定也是先建立計畫後，才會到目的地去。

工作和課業也是得建立某種程度的計畫後再實行，運動選手也會利用想像訓練，先在腦海中想像出順利的狀態，就能讓身體更容易動起來。也就是說，所有行動都是事前先在大腦中想像後再實際執行。

「行動派」與總會想要拖延的人的思考模式有何差異？

「行動派的人」和總是會想要拖延的人，就在這裡出現很大的差異。

「行動派的人」大多能自然描繪出「我能做到、我做到了！」等積極樂觀的想像，就結果來說，他們相當善用想像的力量。

相反的，總會想要拖延的人，大多會描繪出「做不到」、「很困難」、「要是失敗了該怎麼辦」等悲觀消極的想像。

「如果我再年輕十歲」、「要是有時間就能辦到了」、「要是經濟更寬裕點就好了」、「那時要是再認真點念書就好了」等想法亦同。

只要一浮現辦不到的想像，大腦就會開始下意識尋找不做的藉口，正當化不立刻行動的理由。如此一來，除非有天大的目的，或是有鋼鐵般心理的人，否則就沒辦法行動。

由此可看出，消極的想像是阻礙行動的重大因素。

擁有積極想像非常重要

如此可知，為了要成為一個「行動派」，擁有「我能辦到！」或更進一步「我辦到了！」的積極想像相當重要。這會讓人把思緒聚焦在「該怎樣做才能辦到」、「該怎樣做才能變得更好」，因此能將事情往前推進。在第三章的漫畫中，樹懶告訴櫻和冠㐂酒造員工們的祕訣，全部都是將消極想像轉變為積極想像的方法。

讀到這裡，或許有人會覺得「那應該要看每個人的個性吧？」「我就是想法消極的人，我辦不到」、「漫畫中的故事與現實不同」，但正如在開頭提到的，**這並非個性或能力的問題。只要稍微改變一下看待事物的方法，就可能將**

自己的消極想像轉變為積極想像。

接下來，我將簡單明瞭地解說樹懶在第三章漫畫中傳授給大家的祕訣。

第三章登場之變身「行動派」的祕訣

祕訣 19 當感覺快被結果牽著鼻子走時，利用「打擊率」來思考

99頁

你是否會因為結果或成果而情緒潮起潮落呢？狀況好的時候還沒關係，狀況不好時要是過度在意結果或成果，就容易放棄或因沮喪而停止行動。**這種時候，就養成用「打擊率」來思考的習慣吧。**

職業棒球的平均打擊率約落在兩成五，超過三成就會被稱為一流選手。只要沒做出成果就沮喪的人，你是否抱著想要達到八成打擊率的心態呢？

不管工作還是生活，**都請試著擁有只要五次能打中一次，剩下的全部三振**

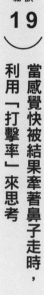

或滾地球都無所謂的心態。也就是說，對於自己的行動，要抱持「五次中有一次順心就夠了」，「要是三次中有一次順利那就等同職業選手」的想法。

訣竅就是要用一週、一個月、半年等時間來思考事情。藉由檢視特定時間的結果或成果的打擊率，就能冷靜思考下一步。像這樣用寬廣的視野檢視自己整體表現稱為**「俯瞰」**，只要培養出這種俯瞰的視角，情緒就不會因眼前的結果或成果過度起伏，而能逐步累積自己的行動。

祕訣 20 當事事不順時，就縮小尺規的標準

101頁

大多數容易沮喪的人，往往都只用一個標準來思考事物。

那就是「事情是否照著當初的預定或目標進行」。

幾乎沒有事情可以百分之百按照預定順利進行，反過來說，也不會有事情百分之百完全脫離預定。但如果只以這個基準思考事情，就只能給出「零或一百」、「○或×」等二擇一的評價。

如果尺規的標準級距太大，就沒辦法看到單一部分。如此一來會出現「明明七○%順利完成了，卻只看著沒做好的三○%，然後責怪不完美的自己」、「明明還有很多能做的事情卻放棄了」的狀況。

有這些狀況的人，可以藉由盡量把尺規的標準級距細分，養成發現微小變化、成果、結果的習慣。「雖然這次企劃案沒通過，但部長說我的企劃很有趣」、「雖然又戒菸失敗了，但我這次堅持了一週」，這類細小的成果也很重要，有沒有注意到這些事情，將大幅左右你接下來的行動。

秘訣 21
關注「做到哪些」而非「沒做到哪些」
103頁

明明減肥中禁止吃點心，卻忍不住吃了甜點。

明明決定睡前一小時要念書，卻累得不小心睡著了。

每當發生這種事情時，就會不禁責怪自己。越是這樣把自己逼入絕境，就會逐漸喪失自信、希望與能量。

想脫離這個惡性循環的**有效方法，就是請試著把所有「做到的事情」寫在紙上，不管多細微的事都沒關係。**別用「沒做到濾鏡」看事情，而要用「做到了濾鏡」看事情。

重點在於，就算沒辦法做到完美，也要把部分做到的事情寫下來。

假設有個挑戰戒菸的人忍不住抽了一根菸。用「沒做到濾鏡」看事情的人便會因為這點小挫折而認為「我的意志力薄弱，所以根本無法戒菸」，直接放棄挑戰戒菸。反之，用「做到了濾鏡」看事情的人會想「我之前可是一天抽一包耶，才一根而已很棒了」，即使一直失敗也能確實減少每天的菸量，一步步邁向戒菸成功的目標。

像這樣將稍微做到的事情寫在紙上，便能更加具體意識到微小的成長。

如同103頁漫畫中出現的男性員工，在改變看事情的角度後，發現原來自己也做到了許多事。不管你認為自己有多沒用，其實也做到了不少事情。

你之所以會批判自己，或許是因為你拿現狀與理想的完美狀態相比較。這種時候，請你把可以想像出的最糟狀況與現在相比較，肯定能找到你已經做到的部分。

祕訣 22

關注「行動目標」而非「結果目標」，就能脫離惡性循環

97頁

「我這個月又沒有達成最低目標了」、「證照考試的分數提升不了」。

當沒辦法順心做出成果時，就容易產生「這個月放棄，下個月再加油吧」、「反正怎樣都沒辦法考到好分數，努力念書也沒意義」的想法，造成動力下降。

實際上只要再多約幾個客戶、只要再多念一點書就可以看見成果，卻覺得要行動相當痛苦而不自覺拖延下去……。**想要脫離這個惡性循環，最有效的方法**就是聚焦在「行動目標」，而非「結果目標」上。

「結果目標」就是「本月要簽下十個合約」等重視結果的目標。

「行動目標」則是把焦點擺在為了做出成果所需的具體行動上。為了「本月要簽成十個案子」，「每天打三十通電話」、「一天訪問一間現有客戶」、「一週要發兩百封廣告信件」等為行動目標。

結果目標有防止一成不變、保持緊張感的好處。當事事順心進行時，重視結果目標，就能提升創造出更好成績的可能性。

但當失敗連連，或因為外在因素導致連續無法達成目標時，就容易感到壓力與不安，這也成為行動停滯的原因。

相對地，行動目標則與成果、結果無關，只要做好自己決定的事情即可，失敗可能性也大幅降低。

因為不易感到壓力或不安，當沒

辦法做出如意結果時，可以仿照以下舉例，將結果目標轉換為能確實執行的行動目標，就能不降低自己的動力，並著手進行為了做出結果的行動。

．完成企劃書（結果目標）↓把企劃書上能寫的項目填滿（行動目標）

．換工作（結果目標）↓在三個人力銀行網站上註冊（行動目標）

．夏天前要瘦五公斤（結果目標）↓每天早上散步三十分鐘（行動目標）

當你沒辦法做出如意成果時，就別拘泥結果，試著聚焦在行動上吧。

另外，當你開始做出成果後，請再次把焦點放回結果目標。如果老是只關注行動目標，反而會造成見樹不見林。

祕訣

23 發現下意識脫口而出的「藉口」

109 頁

你是否會把「要是我有錢就可以做到了」、「沒時間所以辦不到」、「我沒有自信所以現在做不到」之類的話說出口，或在心裡碎碎念呢？其他還有「過去沒有成功案例」、「我已經太老了」等等，真要舉例舉也舉不完。

其實這些平常不經意說出的口頭禪，會變成你拖延的觸發器。這些口頭禪正當化你的不行動，且深植你的潛意識當中。

當你想要改變自己的行動、思考時，發現自己的口頭禪也是個方法。

正如自己看不見後腦杓頭髮亂翹，人類大多對自己的藉口沒有自覺。

首先，養成習慣在一天結束時，回顧一整天是否曾脫口說出「沒有錢」、「沒有自信」、「沒有時間」等正當化不行動的藉口。

逐漸習慣後，當你說出這些藉口的瞬間，就能自覺「啊，我又找藉口了」，到了這個階段時，請計算一天說了幾次藉口，並記錄下來。

更加習慣後，當你脫口而出前，也就是在想藉口的瞬間，自己就會發現「啊，我現在正想要找藉口」。

如果不小心說出藉口，每次都要重新換句話說。

舉例來說，如果你有「沒有時間所以辦不到」這類藉口，就要找出「雖然覺得沒有時間辦不到，但時間是要靠自己擠出來的」、「因為時間不夠，那就試著利用早晨的時間吧」等最適合自己的換句話說。

另外，尋找例外也很有效。任誰都曾有過「就算沒自信還是順利完成了」、「就算沒時間還是展開行動了」、「就算錢不夠還是勉強過關了」這類經驗。只要找到一個例外，你就會發現你當作藉口的理由，並非展開行動的絕對必要條件。

只要能發現這點，「因為我沒有錢，那挑戰看看線上募資吧」、「因為沒有時間，那就減少無謂的浪費擠出時間來吧」、「雖然沒有自信，但我過去曾經挑戰成功過，就試試看吧」，自然而然可以找到「能做到的理由」。

祕訣 24 養成與過去的自己比較的習慣，而非與他人比較 108頁

「那個人真好，和他相比，我怎麼這麼沒有用啊。」「我好在意其他人做得如何。」「我比那個人好太多了，那就沒關係。」你是否不小心就想和他人比較呢？如果和其他人相比後，讓你奮發圖強、去挑戰新事物等增加了自己的行動當然沒有問題，但**大多數的情況，和他人比較後會湧上嫉妒、焦躁、自卑、喪失自信、驕傲自滿、優越感等情緒，反而常讓人行動力一落千丈。**

只要正常活著一定會和他人有所交流，現在透過社群網站也更容易看見他人活躍的一面。身處在這種環境中，某種意義上來說，會想和他人比較也是無可奈何的事情。**問題並不在於「和他人比較」，而是在因此產生負面情緒而**「停止行動」這點。

那麼該怎麼做才不會和他人比較之後情緒過度起伏呢？

方法很簡單，你不需要和他人比，而是換成和過去的自己比就好了。

和過去的自己做比較後，你就能聚焦在自己的成長上面。具體來說，你可以拿半年前、一年前、三年前的自己，和現在的自己相比。請試著養成思考**「和半年前、一年前、三年前的自己比起來，現在的自己多會了哪些事？」**的習慣。

如此一來，應該可以實際感受到**「和半年前的自己相比，我現在每天早上都有辦法提早三十分鐘起床。」「和一年前的自己相比，我現在花在制式工作上的時間減半了。」「和三年前的自己相比，我開始可以把時間花在想做的事情上，每天都過得很充實。」**等自己的成長。進而出現「我也挺不錯的嘛」的想法，也更容易展開行動。

雖然這樣說，和過去的自己相比後，也可能出現退步的遺憾狀況。這種時候先別急著沮喪，而是要思考**「和現在的自己相比，你希望半年後、一年後、三年後的自己是什麼模樣？」**

「半年後，我希望自己有工作一整天也不累的體力。」「一年後，我希望自己運用英文的工作能做得更加順手。」「三年後，我想要結婚建立幸福家庭。」……

就算現在不太順利，只要把現在的自己和未來的自己比較，就可以不貶低自己，並描繪出邁向未來的希望與展望。

人類只要明確看見想要實現的未來，就會想朝目標邁進。別和他人比較，和自己比較不僅不會沉浸在自卑感或優越感中，還可以聚焦在自己的成長上並採取行動。

Chapter

4

改變「使用時間的方法」

SYUZO
欸，櫻…
你對商品企劃有興趣嗎？
早安—
早安…
咦…有
當然有！
最近很忙，所以你沒有注意到吧？
我們收到這個通知喔
募集新商品企劃！
不論部門，廣泛徵求！
!
說是不論部門，希望所有員工都能思考創新的商品…

雖然會很辛苦，你要不要試試看？
我也會幫忙！
真的嗎!?我要做！
啊
…但是
日常業務已經讓我忙不過來了
我還有餘力嗎…
但難得有這種機會…
那麼，來做時間表吧～
…時間表？
跳出來

①上班前
②上午
③下午三點前
④下班前
⑤睡前
像這樣切分一整天的時間～
重點是寫下該時段最起碼要做哪些事情！
① 慢跑
② 寫企劃書
③ 討論
④ 處理行政事務
⑤ 放鬆時間
喔～
首先要確保做真正想做之事的時間…
然後用剩下的時間處理 To Do List和其他工作！
那麼在④加上…
④下班前
新商品企劃

原來是這樣
只要有概略的行程，這樣就能減少拖拖拉拉的時間…
你們兩人有掌握自己平常是怎樣運用時間的嗎～？
拖拖拉拉屬於「浪費」的時間呢～
浪費？
試著邊看「時間表」邊回想看看！像是假日…
慢跑
興趣 彈貝斯
家事
找資料
這～個嘛…
好好吃
點心時間
午睡
上網購物
把使用時間的方法分為①投資②消費③浪費
接著看其比例～！

①投資是提升自我技能的學習
像是資產運用或自我啟發等等～
股票 NISA FIX 債券…
投資
②消費是用在維持現狀的時間
整理文件、準備會議、管理行程
吃飯及睡眠等等～
消費
③浪費是熬夜、暴飲暴食…
無法歸類於投資或消費
只是漫無目的懶散度過的時間～
懶散～
浪費
嗝
原來如此…哈哈哈…
櫻沒有投資耶
浪
投
消
消
浪

如果沒有投資，最好也只能維持現狀而已吧？
唔…
維持現狀
有時候就是一點動力也沒有…
懶散度過也不是壞事啦
好累…
沒錯！沒必要把浪費的時間歸零喔～
疲倦的時候也需要放空的時間～
沒錯沒錯！
但如果浪費的時間太多
結果還是會變成想立刻行動也動不起來的人喔…
偷瞄
牠看我了…
一點點慢慢來就好，把懶散的時間運用在投資上吧～
好…

下午三點
好，搶到會議室了！
會議室
那麼，來說說關於新商品的點子吧
目標客群是——
洋酒酒桶——
啊，這樣說來，你喝過M酒造的新商品了嗎？
離題
哇，我還沒喝過，你覺得怎樣？
挺好喝的喔，有點辣口
真好～
……
……
咦？已經這麼晚了
什麼！
我還還打算要專注討論耶…

這是因為你們沒有設定時間限制～
樹懶專用繩
帕金森定律
你們知道帕金森定律嗎？
15分
人的大腦，會想要把給定的時間全部用完～
也就是說，即使15分鐘就能做完的工作
如果30分鐘後才截止，就會整整花上30分鐘時間
15分鐘的工作
30分
這樣喔～
聽你這樣一說…
不管什麼工作，只要設定時間限制就能提升專注力～
我建議可以用倒數計時類的東西來計時
像是計時器等

反正都要做，短時間內迅速完成比較好吧～？
那嘗試專注15分鐘看看吧！
15:00
噹
以前發售過的這個商品的……
啊，這不錯耶
水果口味之類的……
不行不行，這邊應該要全面強調酒的口味與香氣……
喔喔，具體成形了耶！
之前花那麼多時間也沒什麼進展……
已經可以看到方向了喔！
嗯…很不錯～

沉睡
一天裡可以專注的時間有限～
可以設定一天兩次認真的30分鐘喔～
原來如此～
認真的30分鐘啊…
每個人都有自己容易專注的時段
要用這個30分鐘做「最重要的事」喔～
9點…
對自己重要的事…
雖然不急但很重要的事！
那是真正想做的事…

我在晚上最有辦法專注…
專注
喀答 喀答
…30分
喀答 喀答
好驚人！進度飛快耶

在公司有其他的業務以及每天例行業務
但在家裡就沒這些
外出跑業務
日常例行工作
30分鐘這個長度也恰到好處
明天早點去公司
趁沒人的時段再專注個30分鐘吧！
然後…
嗯—
可以準備幾個能根據狀況使用的轉換心情法喔~
替工作失敗時
事情無法如願時
撲通通通
或疲憊時做準備…

訂好三個轉換心情的方法！
豎指
只有幾分鐘就做伸展或健康體操！
喔，一、二—
我伸
如果有三十分鐘就泡個澡！
呼~
如果有一小時就安靜看書！
…像這樣吧
鏘
泡澡時加個泡澡劑吧
BATH AROMA
超棒
好香喔~

呼——
榊前輩…
今天也辛苦你了！
企劃一起加油喔！
好的！
很好！
好，明天要早起——！
幹勁
所以早點睡吧
晚安～

使用時間的方法＝人生品質

想要培養出行動力有件重要的事，那就是「時間管理」，為什麼需要管理時間呢？

因為不管做什麼或不做什麼，時間都是重要的資金。

時間無法重來，是「僅限當天的資金」

只要活著，我們每天都會自動得到一天（二十四小時＝八萬六千四百秒）時間。我們把一秒假設為一元，就是所有人都能公平獲得八萬六千四百元的感覺。這個八萬六千四百元既沒辦法預借，也沒辦法儲存。

也就是說，不管有沒有花掉，都只限當天使用。

理所當然的，我們沒有辦法拉長時間也沒辦法縮短時間。

極端一點說，「時間＝生命」，我們所有的行動都正在耗費「自己生命剩餘的時間」。光只是意識到這點，就能大幅改變行動力。

樹懶在第四章所教的祕訣中，包含了許多讓人生變得更好的線索。

那麼，接下來就讓我逐一解說吧。

原來是這樣
只要有概略的行程，這樣就能減少拖拖拉拉的時間…
拖拖拉拉屬於「浪費」的時間呢～
浪費？
你們兩人有掌握自己平常是怎樣運用時間的嗎～？

祕訣 25

掌握自己花最多時間在什麼事情上

131頁

正如做投資需要資金，行動也需要「時間」作為資源。

說到金錢，需要記帳以掌握自己的資產和運用的傾向，時間也相同。**也就是說，為了可以展開行動，寫下時間記帳簿讓你回顧「自己使用時間的方法」相當重要。**

「寫時間記帳簿」並不需要做太困難的事。

具體來說，你可以把自己最近一週使用時間的方法分為「①投資」、「②消費」、「③浪費」這三類，接著寫下各類大致花費的時間，這樣就好了。

這與對金錢的想法類似，我們接著逐項來看吧。

①投資

「投資」是指想像自己的未來，並將其逐步實現的時間。包括花費在學習、經驗、健康、加深人際關係等事情上的時間。

以工作來說，可以是建立中長期計畫或目標、指導下屬或後進、學習專門領域知識、提升效率、提案、製作企劃書、有效會議等。

以生活來說，就是設計未來、資產運用、自我啟發、與家人團聚等。

②消費

「消費」是指用來維持生活的時間，像是飲食、睡眠、休息、轉換心情等，也可說是「用來維持現狀的時間」。

以工作來說就是完成上級交代的工作、製作報告與資料、準備會議或談生意、確認進度、管理行程、接待來賓及處理來電或諮詢、雜務、聯絡、報告、商量、休息與閒聊等。

③浪費

「浪費」就是不能算投資也不能算消費的時間。漫不經心地懶散度日、毫無目的度過的時間。像是沒有目標的上網、永無止盡看YouTube或電視、暴飲暴食、過度熬夜等。

以工作來說，就是裝忙、虛有其表的早會、讀書會、會議、製作沒人會看的會議紀錄或報告、毫無意義的加班、反覆犯下相同錯誤等。

這邊的重點在於，不需要把「浪費」的時間歸零。越是在忙碌或疲倦時，更需要這樣懶散、發呆的時間。

只不過，如果你會漫無目的且沒有任何助益地浪費時間，就盡量減少吧。接著把省下來的時間用在投資自己或投資未來上，讓未來可以朝好的方向前進。

祕訣 26
製作時間表後並遵守原則
130頁

每天忙碌，一天結束時筋疲力盡，沒時間做自己真正想做或喜歡的事情。明明想要挑戰新事物，卻沒有時間也沒有力氣。

如果一整天都被任務或待辦清單追著跑，任誰都會疲憊不堪。不管工作還是生活，如果只靠被迫去做的感覺或義務感行動，只會劇烈耗損自我。

但就算做相同工作，只要在時間使用方法上下功夫，就能大幅改變結果，最有效的方法就是利用時間表。這邊所說的時間表比學校的課表還更粗略劃分。**具體來說，可以像以下這樣將一天分割成五大時段，接著把工作或任務排到各自適合的時段上。**

①上班前

早晨時間是最不容易受外在因素左右的時段。所以你可以盡可能把對自己很重要的事情在早晨進行，像運動、念書、冥想等工作以外的事情。

②上午

上午是相對容易專注的時段。盡可能把需動腦或創造性的工作安排在這個時段吧，例如建立中長期計畫、製作企劃書、構想新事業等。剩下的時間可以拿來處理待辦清單。

③下午三點前

午餐後是容易專注力不集中的時段。所以別安排獨立作業的工作，可以安排會議、討論、面談、商談、調整日程等需要和其他人一起處理的工作。

④下班前

三點過後到下班前的這段時間內，會因為「期限效應」而讓專注力再度提升，所以建議大家可以用來寫報告、辦理各種手續、善後處理等雖然麻煩卻很必要的工作。另外，也可以用來做前面章節提過的，確認明天的行程，決定達成目標的三個關鍵行動。

⑤睡前

工作結束後就要忘記工作，確保一段可以放鬆、享受，補充心靈營養的時間。像是吃頓美味的晚餐、喝酒、和朋友開心聊天、沉浸在興趣中，泡澡好好放鬆等。另外也推薦大家可以回想三件「今天發生的好事」後再就寢。

製作時間表時的重點，「並非決定時段內所有該做之事的細項」，而是「決定最起碼想做什麼」。剩餘的時間就拿來處理待辦清單，或完成預定行程，請抱持著這樣的意識。

秘訣 27
工作中把時間以十五分鐘為單位切分
135頁

明明想要有效活用時間，卻不小心看起網路新聞，結果只是無謂地浪費時間了。要是把那些時間省下來，我就能完成拖著沒做的那個工作了啊……。

之所以出現這種狀況，是因為你沒有對工作設定時間限制。

在腦科學的實驗中，證明了適度設定時間限制，比沒有設定時間限制更能活化大腦，讓人更加專注。

另外，樹懶在漫畫中提到**「工作會在時限內不停增加到填滿時間為止」**的「帕金森定律」（Parkinson's law），由此也可知限制時間的重要性。

如果沒設定時間限制，就需要花費超越所需的時間才能完成一個工作。反過來說，不管怎樣的工作只要設定時限，就能增加專注力，在最短的時間內完成。

我在此推薦大家的，就是把時間以十五分鐘切分。或許你會覺得太短了，但只要專注就能做很多事。另外，如果用六十分鐘或九十分鐘等更長的時間來切分，容易不小心大意，可能會讓你浪費一開始的十五、二十分鐘。

我建議大家可以用計時器等倒數計時形式的工具來計時。

另外，請將前述提過的「十秒行動」活用在十五分鐘的開頭上。舉例來說，如果要寫企劃書，就能用「打開企劃書格式表」、「拿出相關資料」等自己決定好的十秒行動開啟工作。

重點在於決定好「十五分鐘內要完成這個部分！」之後開始工作。或者也可以用「我十五分鐘可以做到哪呢？」這種玩遊戲的感覺挑戰看看。

祕訣
28
一天要確保兩次「認真的三十分鐘」
137
頁

我們沒有辦法一整天維持高度專注力，整日只有少之又少「真正能專注的時間」。

是否能有效活用這稀少的時間，就會左右你行動的品質。

任何人都有「容易專注的時段」，可能是早晨、上午、傍晚，每個人都有所不同。請在這個時段內花三十分鐘，認真從事「最重要的事情」。最好可以用來做平常容易拖延，但對自己來說很重要或真正想要做的事情。**也就是「非緊急的要事」，請在一天實踐兩次**。

決定好時段與該做的事情後，把自己當作職業運動員要參加重要比賽般認真使出全力。此時戴耳塞、用計時器設置倒數計時，能更容易認真。就算只有三十分鐘，只要你能認真使出全力，就能減少拖延，也能獲得成就感。

祕訣

29

依照所需的時間，先決定好轉換心情的方法

139頁

工作失敗或接連不順心時，擅長轉換心情的人有辦法立刻改變自己的心情，而不擅長轉換心情的人就會受到負面狀態影響。

為了別陷入這種狀況，建議大家可以事先決定好轉換心情的方法。

有行動力的人並非「總是狀況絕佳」，反而因為行動量大，不順心的事情也會變多。即使如此仍然能不停行動，是因為他們有恢復體力與專注力的放鬆方法，以及調整沮喪情緒的方法，也就是能「重設自己」，而且能「隨時、隨地、立刻」執行。

具體來說，決定好**「幾分鐘就能做到的事」**，例如深呼吸、伸展身體、散步、吃甜食等；**「三十分鐘可以做到的事」**，例如小睡、打掃、慢跑、泡澡等；**「需要一段時間的事」**，例如旅行、看電影等。如此一來，當遇到需要重新調整時，就能根據狀況立刻轉換好心情。

Chapter

5

養出實現夢想及目標的「行動思考」

欸，我啊
想藉由這次的企劃改變人生⋯
我想進商品企劃部
⋯你認真的嗎？
⋯嗯，認真的
那麼，就設定更異想天開的目標吧！

異想天開…？
你想做什麼？將來想成為什麼？
想用企劃站上頂點
或是乾脆想成為經營者之類的！
或者想和喜歡的演員交往！想移居海外！
想成為大富翁！
說說看
說說看嘛
這個嘛…
停止
我…
我…
想透過自己開發的日本酒

讓同世代的人還有外國的人
可以更加、更加了解日本酒有多棒——啊!!
KANKI SYUZO
在街上大叫了啦…
恥

但你老實表達出「想做」的心情了
應該更加明白自己的欲望了吧～？
欲望…
太誇張了
欲望就是「心底深處最純粹的心情」喔～
欲望＝純粹的心情
人類本來就不是靠道理，而是靠感情行動的生物
所以理解自己的欲望非常重要～
確實如此…
握
我好像發現已經遺忘的
「自己真正想做的事情」了…

與其讓腦袋變得頑固而無法前進
心裡的聲音
傾聽心裡的聲音才更容易建立目標喔～
心裡的……聲音？
大腦、身體和心裡
人類有三種聲音……
寫
寫
寫
沙
沙
大家得努力跑業務才行！
大腦
身體
人們大多都只聽大腦的聲音生活～
但這與其說是「想做」，倒不如說是「非做不可」的義務感～
然後……
寫
寫
寫

那麼接下來
大腦
身體
大家得努力跑業務才行！
試著傾聽身體的聲音吧～
啊！
身體
冒出頭
好累喔…我不想去跑業務了…
在勉強自己…我懂
再進一步問「那麼其實真正想怎麼做？」之後…
我…
我…
其實…

心裡的聲音
想要靠商品企劃出人頭地啊啊!!
聽見你心裡的聲音了呢!!
試著每天花一點時間傾聽自己的三個聲音~
感動~
我說出來了…
人類啊…平常總是
我做不到
沒有錢
像這樣只聽「大腦的聲音」
放棄思考，壓抑「心裡的聲音」
思考停止
辦不到 辦不到
長期身體不適
或許也是因為忽視「身體的聲音」喔
好想睡覺
喀答 喀答
肩頸好痠痛喔

設定異想天開的目標時
不能用大腦思考是否能夠實現
唔喔喔～
來做吧～
是否想要實現？
…這種心裡的聲音更為重要～
會議室
榊前輩
嗯？怎麼啦
我…我想要透過自己開發的日本酒
讓這世代的人還有外國人
能了解日本酒文化有多美好！

呆愣
……
這樣啊…!
目的
異想天開的目標
透過我開發的日本酒，
讓這世代的人還有外國人
了解日本酒文化有多美好
實際執行的內容
「學好英文」
「開發新商品」
「取得二級酒造技能士證照」
認真
那麼，來好好思考該做些什麼吧
你想努力，我當然也會支持你
點頭
酒造技能士～？
這是證明擁有造酒相關技術與知識的國家證照
酒
1級
2級
順帶一提，我自己有一級證照

原來如此～櫻想實際執行的內容
是以「三個價值觀」為基礎的呀～
嗯嗯
那是什麼？
人類採取行動的目的，追根究柢後可分為三類～
三類
「學好英文」的目的是①與他人的連結！
謝謝～
讓我們成功
完成這個企劃吧!!
受到他人感謝、讓彼此關係更加親密等
是重視充實人際關係的價值觀
「開發新商品」的目的是②成就！
目標
這是重視達成目標、克服困難課題等的價值觀

「取得二級酒造技能士證照」的目的是③追求技術！
酒造技能士 2級
さけ
酒
這是重視加深專業程度，希望自我意識與個性受到尊重的價值觀
以自己最重視的價值觀為基礎
思考為了什麼？
為了誰？
提升銷售
希望大家開心
促銷方案
…之後，就可以設定出適合自己的目的了～
原來如此啊！
這三點都很重要
但根據櫻認為何者最重要
優先順序也會跟著改變
最優先的…
果然就是開發新商品！
新酒

為了實現我異想天開的目標…!!
咦…？
感覺看見前往目標的道路了
點點頭
那麼目前的首要目標，就是要在期限內提出企劃對吧？
②成就 開發新商品
圈
為了達到這個目標…
在現狀與目標之間設立三個里程碑！
要把里程碑Chunk Down！

里程碑？
Chunk Down？
類似議程或概要…這類的東西嗎？
咦？
咦？
就是如此！
往那邊
里程碑就是達成目標前的「路標」
Chunk Down就是把它「切成小塊」
既然如此，請直接這樣說就好…
那～這樣…
為了新商品企劃製作該做的事情是
①前兩週尋找自己想做出來的日本酒的方向！
②接下來兩週分析資料&進行市調！
③最後製作同時實現「想做」與「能熱賣」的日本酒的企劃案！
…以上三階段！
豎
指

登——登!!
①前兩週尋找自己想做出來的日本酒的方向
利用網路或書籍蒐集資料
去採訪有興趣的釀造負責人
參加試飲會
②接下來兩週分析資料&進行市調
實施網路問卷（依年齡、性別等）
分析收集到的數據
採訪酒行、居酒屋
③最後製作同時實現「想做」與「能熱賣」的日本酒的企劃案
製作企劃書
統整分析內容、採訪內容
找到理想、預算與現實的平衡點
接著進一步將路標（里程碑）加以細分
最後找出具體的行動!!
喔喔～……
拍手
櫻！這可不是終點，而是起點喔～
跳出來
唔…嗯
當然，在商品企劃得到認可後
才終於能站上夢想的起點

不僅是喜歡日本酒，我也想要加深知識
為了能和釀造負責人對等談話，也想要取得酒造技能士的證照！
為了用自己的話語向全世界宣傳日本酒文化有多美好，我也要學好英文！
除此之外，也得學習與酒有關的日本文化遺產…!!
好棒！你又替自己設定了更上一層樓的目標了呢
驚訝
就是這樣
拍手
原來是這樣…！

只要設定下一個目標
就不會有燃燒殆盡症候群，可以繼續向前進！
確實如此…運動員也會在達成目標之後燃燒殆盡呢
一片空白…
在達成現有目標之前
設定更高一層的目標！
新目標
目標
這是邁向成長的階梯～
人生就是要不停設定新目標～

櫻…總覺得你突然成長了耶
咦？有嗎…
當夢想變得明確之後
就讓我想要挑戰了…
這樣啊…總覺得好開心喔
感動
成長了呢…
全都多虧有樹懶呢！
我也學到了許多東西！
KANKI SYUZO
加油吧～！

既然如此，就讓我奉陪到底
你的夢想就是我的夢想！
我們一起加油吧！
榊前輩…！
泛淚

行動力是改變人生的基礎，最重要的是思考「要利用這個做什麼」

人類的行動大致可分為以下兩大類。**一個是將負面狀態回復原點基準的行動（復原行動），另一個則是產出附加價值的行動（增值行動）。**

這是我以美國臨床心理學家弗雷德里克・赫茨伯格（Frederick Herzberg）所提倡的「激勵─保健理論」（Motivation-Hygiene-Theory）為基礎，希望每個人都能容易理解而創造的單詞。

赫茨伯格提倡，應該要將「構成人類動力的因素」區分為「保健因素」與「激勵因素」兩種來思考。

「保健因素」是與不滿意、不滿足相關的因素，「激勵因素」是與滿足感、成就感和幸福感相關的因素。

也就是可以解釋成，消除不滿意或不滿足等課題的行動是「復原行動」，

而為了得到滿足感、成就感和幸福感的行動就是「增值行動」。

以整理房間為例，「丟棄不必要的物品」、「用完歸位」、「打掃」等行動就是「復原行動」。

而想像要在整理好的空間怎樣度過，「購買實現理想所必要的東西」、「改變家具位置」等行動就是「增值行動」。

掌握增值行動的三步驟

第一章到第五章中，樹懶告訴櫻成為「行動派」的祕訣，基本上就是推動「復原行動」的方法，可以成為我們行動力基礎的技能。

當你可以順利做到「復原行動」後，你的工作會變得更有效率，也會養出好習慣。但只有這樣還沒辦法實現你的夢想與目標。

就和倉鼠擁有行動力後，不管在滾輪中跑多快，都不可能產出任何東西一樣。

所以我們需要與「復原行動」一起思考「其實想要怎麼做？」「節省下來的時間想要怎麼用在哪些事情上？」

在第五章的漫畫當中，櫻察覺「自己真正想做的事情」，接著和榊前輩一起策畫實現夢想的地圖，這就是「增值行動」。

只要掌握以下三個步驟，每個人都能做到「增值行動」。

①訂定目標

②找出明確目的

③決定好實際執行的內容

第五章的漫畫中，介紹了實踐此三步驟的八個祕訣。接下來就讓我逐一解說。

第五章登場之變身「行動派」的祕訣

祕訣 30

想改變人生就需要「異想天開的目標」

156頁

想要豐富人生，就需要夢想與目標，這也是「增值行動」的原動力。就像設定好目的地後，導航就會指引你抵達終點，只要目標明確，我們就會自動展開行動。

雖然這樣說，但只單純將目標言語化、數據化，並沒辦法讓你能自然展開行動。常看見有人會拚命地將目標細分或規劃得更加明確，如果只做到這些，一旦進入行動階段，反而常出現遲遲無法推進的狀況。

那是因為你試圖在過去的延長線上，建立「現在的自己能力所及範圍內」的夢想與目標。舉例來說，像是「營業額要比去年成長十%」、「分數要比上次進步十分」，這應該不是你「打從心底想實現的目標」。

因為「不想失敗、不想被罵、想要輕鬆」的想法，而出現這種可預期且可實現的目標。但這類目標沒辦法讓你怦然心動，這無法打開行動開關。

想改變人生所需的是「異想天開的目標」。「異想天開的目標」是不會被實現可能性及感情煞車器侷限的「心中真正想實現的目標」。

沒有「異想天開的目標」的人，如同沒決定好旅行目的地而每天徬徨的人。因為沒有想去的未來，就容易受他人影響或社會情勢左右，情緒隨著眼前的事情潮起潮落，不管開心還是痛苦都只有當下，全部都是片段且短暫的東西。

這樣一來，就沒辦法累積好不容易做出的行動、努力與付出的辛勞。

舉例來說，假設A和B是在同家公司工作的三十多歲上班族。

A認為「自己是當一輩子普通員工結束一生的人」，漫無目的活著。總之只要無風無浪過活就好，想著只要不被裁員就好，完成每天該做的工作。A在遇到突發狀況時，應該會想：「啊～為什麼我會被捲入如此麻煩的事情啦……，拜託真的是饒了我吧。」

另一方面，B有「我將來要成為經營者！」這「異想天開的目標」，他每天努力工作，想要趁現在累積各種不同的經驗。B遇到突發狀況時，應該會想：「好，努力度過這個難關吧。當我自己成為社長後，肯定會遇到更複雜且更難解決的問題，這也是個好經驗。」

面對相同一件事，只是有無「異想天開的目標」的差異，就讓兩人看待事物的方法天差地別。而這個差別，也會大幅影響每個思考、選擇、決策與行動。

就算你現在做不符期待的工作，身處自己不情願的狀況中，只要有「異想天開的目標」，所有的行動、挑戰和辛勞，全都會變成實現你理想未來的必要資源。

祕訣 **31** 【訂定目標1】聚焦「欲望」後，就能找到真正想做的事情 159頁

為了達成上級交辦工作的目標數字，你必須約客戶見面卻遲遲無法採取行動，我想應該不少人有這樣的經驗。為什麼有明確目標卻無法行動呢？**這是因為目標裡沒有「欲望」**，老實說這目標很無聊，也提不起勁來，所以才無法打開行動開關。

人沒有欲望就無法產生動力，反過來說，如果是自己真正想做的事情，就可以付出任何努力、持之以恆、有所成長。

沒有欲望的目標，不能說是真正的目標。

想成為經營者、想移居國外、想活用興趣獨立創業、想搬到鄉下從事農業、想爬聖母峰……。請你試著拋開限制思考看看。

但這些夢想與目標，多半深藏在你的心中，很少會外顯出來。所以為了找出「異想天開的目標」，第一個步驟就是「理解自己的欲望」。

聽到「欲望」，或許有人會浮現負面印象，但此處所說的欲望，是「深藏心中的純粹心情，牽動情緒的希望、願望、期待」。

大腦中有名為「邊緣系統」、負責本能行動與情緒等重要任務的舊大腦，以及在邊緣系統上形成的新大腦「大腦新皮質」。

舊大腦為了維持生命而工作，掌管情緒與行動。另一方面，新大腦為了可以因應狀況做出適當的行動，而擁有高度的學習能力，掌管語言。

也就是說，不管擬訂出多明確的目標，只要目標還停留在語言階段，就沒辦法進一步展開行動，形成「明明理智知道該行動比較好卻無法行動」的狀態。

人類是靠感情而非理智行動。如果你想展開行動，就必須從掌管感情與行動的舊大腦下手才行。只要好好活用「欲望」這個情緒，你隨時都能自由對大腦下手，因為欲望無法「思考」只能「感受」。

雖然這樣說，突然要你掌握自己的欲望應該有相當的難度，接下來的祕訣32，將告訴大家把沉睡在心中的內在欲望外顯出來的技巧。

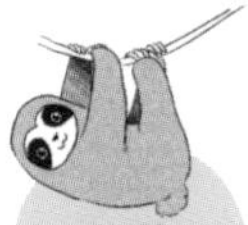

秘訣 32 【訂定目標2】分別傾聽「大腦的聲音」、「身體的聲音」、「心裡的聲音」 160頁

理解自己欲望的訣竅，就是傾聽「心聲」。其實我們的思緒可以分為以下三類：

・大腦的聲音：平常思考的事情。「非做不可」、「得這樣做」等義務感

・身體的聲音：身體的狀態。「肩頸僵硬」、「喉嚨很痛」等感覺

・心裡的聲音：感受、心情。「想這樣做」、「想要」等欲求

我們平常思考自己的心情時，可能是這三種聲音混雜在一起，也可能只聽見特定的聲音（尤其是大腦的聲音）。

舉例來說，煩惱自己老是無法立刻行動的人，大多都只聽「大腦的聲音」。另外，身體狀況一直不好的人，大多都對「身體的聲音」充耳不聞並折

磨肉體。

為了理解自己的欲望，首先每天試著抽出一點時間，分別傾聽這三種聲音。如此一來，就能讓深藏在內心的「心裡的聲音」顯露出來。

建立「異想天開的目標」最大的訣竅就是，應該要重視「想不想要實現？」而非「能不能實現？」

但大多數的人都會被「我辦不到」、「我沒有錢」等「大腦的聲音」阻撓而放棄思考，壓抑自己「心裡的聲音」。

為了讓「心裡的聲音」外顯出來，我們就需要與自己對話。具體來說，只需要問自己「老實說，其實想要怎麼做？」這個簡單的問題就行

了。先把過去的失敗與現狀的忙碌擺一邊去，問自己「其實想要怎麼做呢？」並想像理想的未來。

舉例來說，假設你工作時隱約感覺「最近有點累」，你可以試著問這樣的自己「其實想要怎麼做？」

訣竅就是「分別傾聽三個聲音」。

一開始可能會聽到大腦說：「現在很忙，而且會造成同事困擾，得要努力才行。」但這應該不是你的真心話。

當你聽到大腦的聲音後，請試著再問自己一次「但是，其實想要怎麼做呢？」繼續提問後，你會聽到身體說：「最近身體狀況很不好，肩頸也很痠痛。晚上睡不好，工作時也比先前更加無法專注。」

接著再更進一步問：「那麼，其實想要怎麼做？」接下來，應該可以聽到「想要請兩、三天假，讓腦袋和身體好好休息」、「想要泡溫泉好好放鬆」、「想要沉浸在感興趣的陶藝中」等心裡的聲音（欲望）。

同樣的方法也可以用在「異想天開的目標」上。

舉例來說，當你有個「想要試著創業」的模糊想法，但無法展開實現想法的行動時，你很可能只聽到「我沒有能力」、「會被人笑」等「大腦的聲音」。

只要不停重複問自己「其實想要怎麼做？」就能逐步讓「其實我想要以感興趣的戶外活動相關的事情創業」等以「心裡的聲音」為基礎的「異想天開的目標」慢慢顯現出來。

祕訣 33
明確訂出「目的」與「實際執行的內容」
164頁

當你發現自己真正想做什麼之後，就要明確訂出「目的」和「實際執行的內容」。「實際執行的內容」就是決定「何時、在哪、做些什麼」。

舉例來說，假設有兩個擁有「想要說一口流利英文」目標的人。

A只有一個「會說英文在將來可以派上用場」的模糊目的，在這種狀態下他有辦法立刻開始念書嗎？就在他猶豫著「今天來背單字好了，還是要用英文字幕看國外的影集呢？還是念文法好了」中，最後變成「算了，明天再開始就好了」。

另一方面，B擁有「為了可以在一年內換到外商公司工作，我要學好英文」的明確目的。不僅如此，為了可以更順利換工作，他的多益成績需要超過八百分。為此，他絕對需要提升自己的聽力，所以他決定從利用考古題訓練聽力開始做起。

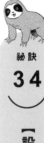

像這樣明確訂出「目的」與「實際執行的內容」後，就能立刻開始念書。

祕訣 34
【設定目的】理解自己的價值觀後就能看見真正的目的
165 頁

讀到這裡，應該有人會想：「為什麼想做這個？就算這樣問我目的，我也沒辦法明確回答。話說回來就是因為煩惱找不到明確目的，所以想知道找出明確目的的方法。」

為了明確找出行動的目的，最重要的是要理解自己的價值觀。人類行動的目的大致可以分成三大類別。會這樣說，是因為行動目的扎根在當事者的價值觀上，而價值觀可分為三大類。

這三類價值觀分別是**「①與他人的連結」、「②成就」、「③追求技術」**。

「①與他人的連結」就是珍惜得到感謝、加深彼此關係、重視充實人際關係的價值觀。只要聽到「謝謝」就能提升動力、對團隊全員一起做出成果感到喜悅、關心下屬或後進的培育及成長的人，就是重視「與他人的連結」。

「②成就」如字面所示，就是重視達成目標、完成困難課題的價值觀。只要達成目標或創造新紀錄就會變得很有鬥志，對自我成長、升遷、加薪等事情的動力比他人更高的人，可說是最重視這個價值觀了。

「③追求技術」是重視加深專業程度，希望自我意識與個性受到尊重的價值觀。追求獨創性或原創性，喜歡開發、研究、下功夫做創意的人，就是最重視這個價值觀。

這些是我們思考的基礎，每個都很重要，大家都同時擁有這三種價值觀，只不過每個人的優先順位有所不同。

以自己最重視的價值觀為基礎思考「為了什麼？」「為了誰？」之後，就能設定適合自己的目的。

假設現在有個「本月要達成○○萬營業額」的目標。

對三個價值觀中最重視「②成就」的A來說，達成營業額就是他自己的價值觀，所以他輕而易舉能立刻行動。

但對最重視「①與他人的連結」的B來說，以金額為基礎的目標讓他覺得不太適合自己。此時可

以自己最重視的價值觀為基礎
思考為了什麼？
促銷方案
提升銷售
為了誰？
希望大家開心
……之後，就可以設定出適合自己的目的了～

以設定成「把商品送到有需要的〇個人手上」、「希望可以透過商品販售讓更多人露出笑容」等符合自己價值觀的目的，就容易展開行動。

而對重視「③追求技術」的C來說，把目的設定成「開發每個人都能達成每月〇〇營業額的銷售方案」、「利用只有自己能做到的方法達到〇〇營業額」後，就會更容易行動。

在工作之外，假設想要減肥，重視「①與他人的連結」的人可以設定「想要瘦下來，交男（女）朋友」。重視「②成就」的人可以設定「三個月減五公斤，更新自己的最佳紀錄」。「③追求技術」的人則可設定「結合飲食控制與運動，開發出自己原創的減肥方法」等目的。

只要掌握自己的價值觀，你就能設定出最適合自己的目的。

秘訣 35
【明確訂出實際執行的內容1】
設置三個里程碑
168 頁

前述說明了找出「目的」的方法，接下來要介紹明確訂出「實際執行的內容」的方法。

舉例來說，就算已經訂出「為了能在一年內換到外商公司工作，我的多益要考到八百分以上」，到了隔天早上，卻不知道該從哪裡下手，時間就在迷惘中消逝了。

之所以會這樣，是因為「實際執行的內容」不明確。

只要按照以下兩個步驟，就能簡單明確訂好「實際執行的內容」。

①在現狀與目標之間擺三個「里程碑」

②把里程碑「細分」

接下來教大家第一步該怎麼做。

雖然明確訂出目的了，但猶豫著最先該做什麼，或是不知道從哪裡著手，沒辦法明確規劃出行動方案時，**就在現狀與目標之間擺上三個里程碑（朝實現目標前進時，路途中掌握大致進度的小目標）**吧。

以「為了能在一年內換到外商公司工作，我的多益要考到八百分以上」為例，可以訂出以下這些里程碑。

①首先，在三個月內以拿到六百五十分為目標
②接下來，在半年內把聽力提升到八百分以上的實力
③做到之後，接著把閱讀能力提升到八百分以上的實力

里程碑的內容當然會因人與狀況的不同改變。

如果你不曾考過多益，「①首先，在三個月內以拿到六百五十分為目標」的難度就太高了。此時把第一個里程碑訂為「首先寫考古題，確認現狀能拿到幾分，接著以現狀加一百分為目標」比較合適。

不管怎樣，比起一開始就以多益八百分為目標，先訂出三個小目標，然後朝第一個目標前進會比較容易行動，也能在途中獲得成就感。

這些里程碑當然只是初步暫定，當你實際行動後，如果感到不適合自己，隨時都可以變更。

祕訣 36

【明確訂出實際執行的內容2】細分里程碑

169頁

在現狀與目標之間設好里程碑後，為了讓你可以確實展開行動，還需要把里程碑細分，落實在每天的行動當中。「Chunk Down」是心理教練常用的一個名詞，就是「把一大塊拆解成小塊」的意思。

將實際執行的內容分割成小塊，這樣能更容易採取行動。

以前面的「為了能在一年內換到外商公司工作，多益要考到八百分以上」

為例，第一個里程碑為「首先，在三個月內以拿到六百五十分為目標」或「首先寫考古題，確認現狀能拿到幾分，接著以現狀加一百分為目標」。

只不過，光是這樣還無法知道到底該怎麼做，因此就需要細分。**具體來說，請寫下為了達成這個目標的所需行動。**

假設將「首先寫考古題，確認現狀能拿到幾分，接著以現狀加一百分為目標」細分，就可以拆解成以下：

- 購買多益考古題，確認考題類型
- 寫考古題看看能得幾分，掌握自己現在的程度
- 配合現在的程度買參考書，念單字和文法
- 購買提升聽力所需的語音教材來練習
- 報考多益

像這樣寫出一定數量的行動後加上優先順序，如此一來便能明確知道今

天、本週、本月該做哪些事情，即可避免「因為不知道該從哪裡做起，所以沒辦法辦到」的狀況。

至此，我們已做好①建立「異想天開的目標」，②明確訂出目標，③設定好實際執行的內容了。**最後，為了可以確實展開行動，請具體決定好「何時、在哪裡、做什麼」**。比起粗略決定「每週三次，每次念書三十分鐘」，決定好「本週週一、週三和週五上班前，要在餐桌念書三十分鐘」，更能讓你確實展開行動。

祕訣 **37**

在達成目標之前，設定另一個更高的目標

171頁

常會聽到運動員「達成目標的那一刻就燃燒殆盡了」，這點也可以套用在我們身上。

舉例來說，假設你為了要順利突破第一次海外出差的難關而學習英文會話，當你出差回來後，就會迷失學英文的目的，可能自此再也不念英文，這就太可惜了。

知道這點的人，會在即將達成目標時建立下一個目標。

在海外出差時建立「下一次試著單獨出國旅遊吧」、「為了在回國後也可以持續和海外的相關人士信件往來，我要加強英文寫作能力」、「都接觸英文了，乾脆以國外留學為目標吧」等新的目標。

請養成當達成目標八成時，就訂定下一個目標的習慣。

在設定了一個更遙遠的新目標後，你就能看見讓你成長的具體行動。另外，也能帶來保持警惕、貫徹現在目標的效果。

後記

櫻，展翅飛向世界

三年後——
商品企劃部
大家早安～
櫻前輩！早安
早啊～
櫻～！

今天一早就有美國SAKE ASSOCIATION的採訪喔
我記得！榊前輩
榊前輩和櫻前輩都好帥氣喔～
聽說他們兩人之前都是業務部的
我知道！
他們就是在業務部提出那款酒的商品企劃的，對吧？
對啊～

現在可是全世界熱銷商品呢
超厲害的耶~!
呼—
感覺莫大壓力時，就閉上眼一分鐘……
……
上吧!

英語
…是的
接著，我就因此想到這款酒的點子了
我也品嘗過這款酒
口感滑順卻帶有鮮明且豐富的後味
是款很好喝的酒
謝謝誇獎！

獨特的命名也成為一個話題呢
是重要的朋友給我的靈感
是他給我最棒的禮物
那麼，如果你有確實完成…
我就為你…準備禮物…
真的嗎!?
給你的獎賞

改變我的，最重要朋友送我的禮物——
樹懶
NAMAKE
MONO

結語

非常感謝大家閱讀到最後。

本書的終點為「指向夢想的未來，品嘗踏出第一步的爽快感」。

漫畫主角櫻美佳一開始的口頭禪是「我不想去上班」。

在她確實逐一實踐變身「行動派」的三十七個祕訣之時，她學會了「讓自己動起來的技術」，建立異想天開的目標，腳踏實地實現了她衷心期待的未來。在描述她三年後發展的故事結局中，她成長為一個展翅飛向世界的人了。

接下來輪到你了。

「立刻做」就是「現在，初步決定、初步行動」。從此刻起、從這裡開始，憑你的意志，從「十秒行動」開始做起吧。

本書在許多人的協助下完成，多虧有負責本書的編輯、かんき出版的重村啟太的熱情與行動力，以及畫出出色漫畫的河村万里老師，本書才得以誕生，真的非常感謝各位。

接著請讓我向閱讀本書的你致上最高謝意。願你依自己的意志行動之後，帶來希望的同時，也能替你打開未來的大門。

我非常期待不久的將來，可以直接與你對話的那天來臨。

大平信孝

國家圖書館出版品預行編目(CIP)資料

一本書終結你的拖延症（漫畫版）：透過「小行動」打開大腦的行動開關，懶人也能變身「行動派」的37個科學方法／大平信孝著；林于椁譯. -- 初版. -- 臺北市：遠流出版事業股份有限公司，2024.07
面；　公分
ISBN　978-626-361-700-1（平裝）
1.CST：時間管理　2.CST：工作效率　3.CST：成功法

177.2　　113006191

一本書終結你的拖延症【漫畫版】

透過「小行動」打開大腦的行動開關，懶人也能變身「行動派」的37個科學方法

作者／大平信孝
譯者／林于椁
主編／周明怡
行銷企劃／王芃歡
封面設計／張天薪
內頁排版／菩薩蠻電腦科技有限公司

發行人／王榮文
出版發行／遠流出版事業股份有限公司
104005 台北市中山北路一段11號13樓
郵撥／0189456-1
電話／(02)2571-0297　傳真／(02)2571-0197
著作權顧問／蕭雄淋律師

2024年 7 月 1 日　初版一刷
2024年 9 月 1 日　初版三刷
售價新臺幣 300 元（缺頁或破損的書，請寄回更換）

http://www.ylib.com
e-mail:ylib@ylib.com

MANGA DE YOKUWAKARU YARUKI NI TAYORAZU「SUGUYARU HITO」NI NARU 37 NO KOTSU